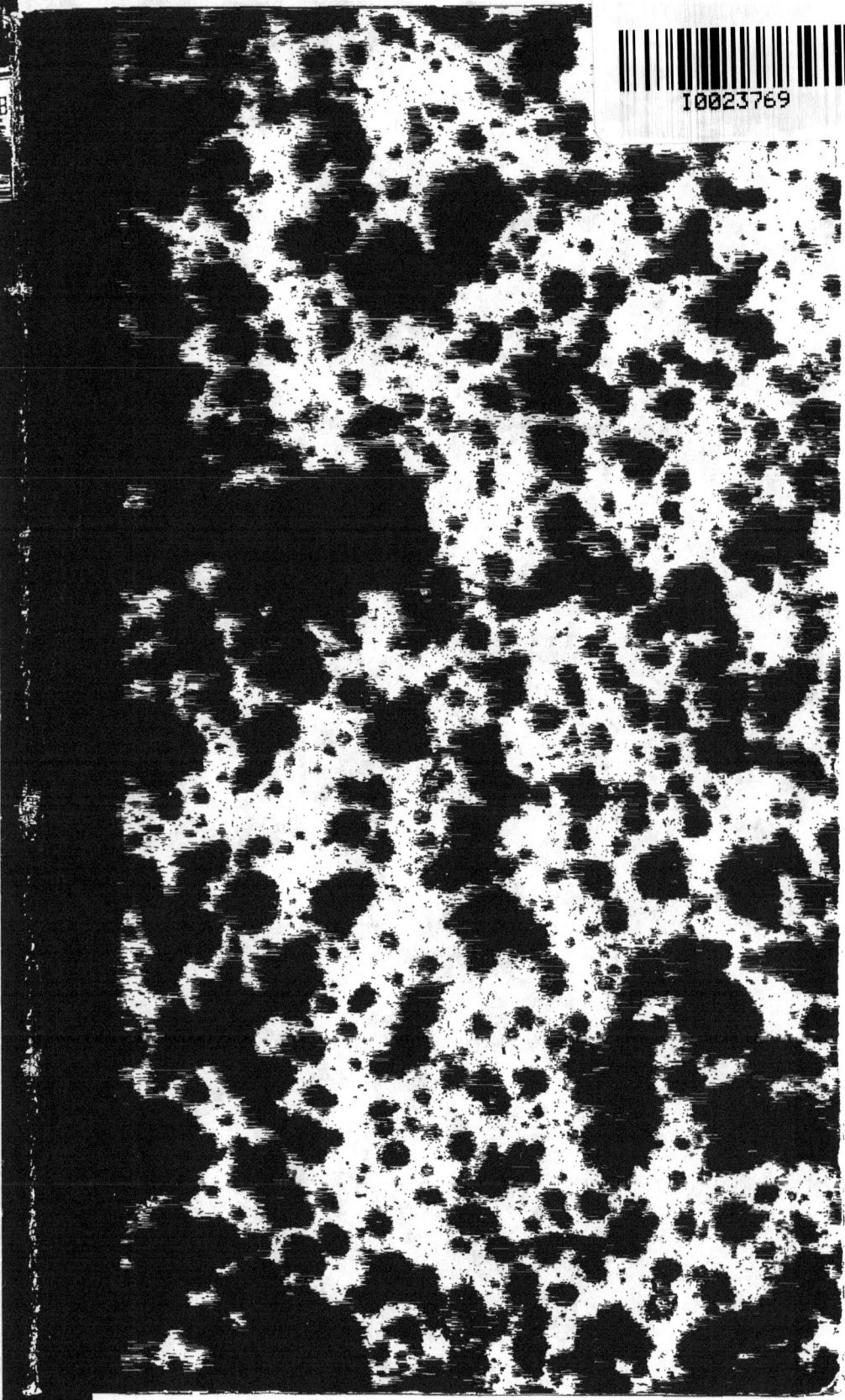

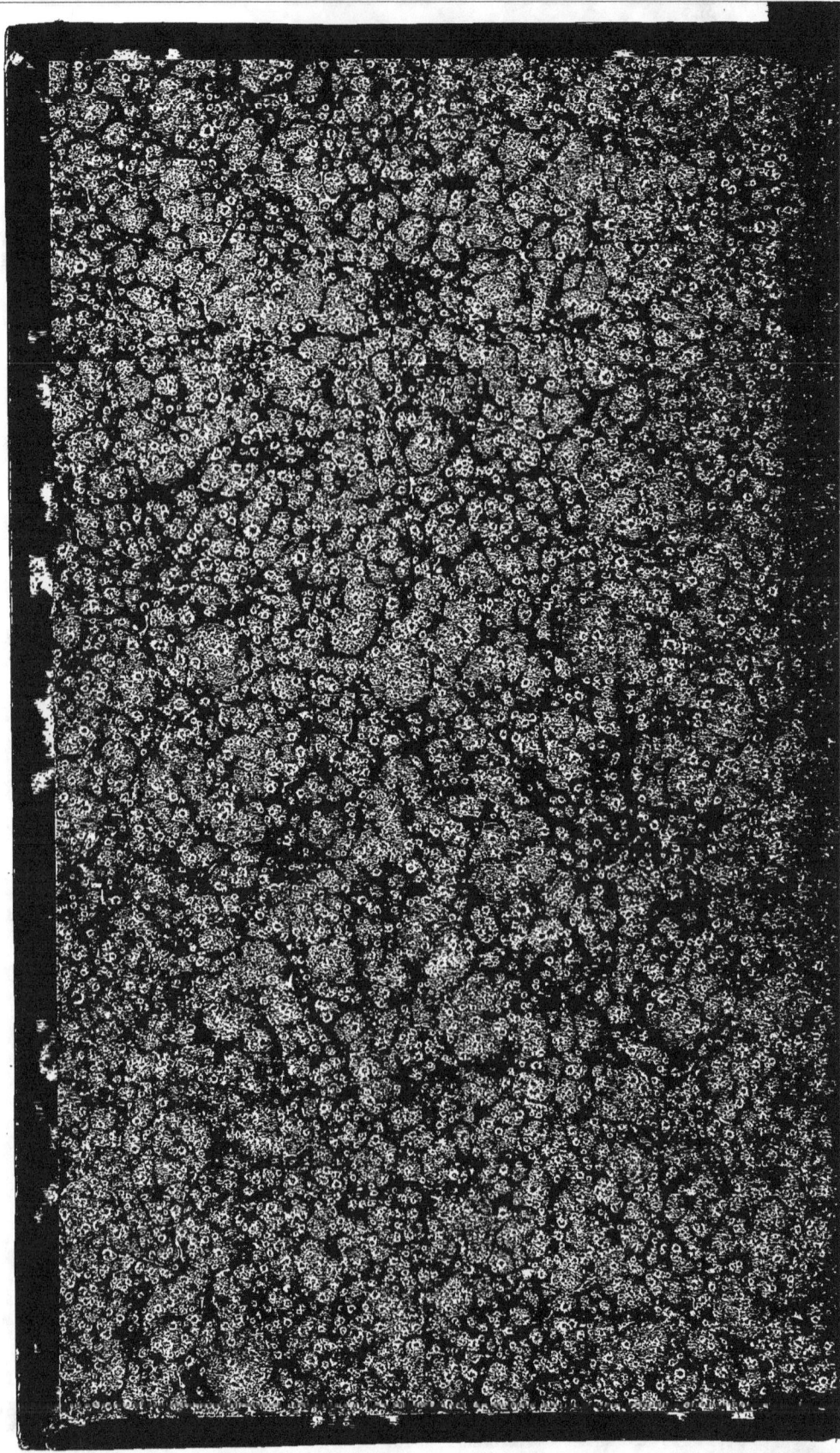

X

@

LA PRONONCIATION

NOTÉE.

Ce volume renferme deux parties. La première embrasse en entier la théorie et la pratique de la prononciation françoise ; elle est propre à corriger toutes les prononciations vicieuses ; et, nécessaire à l'étranger, à l'habitant de département, elle ne sera pas sans utilité pour le parisien lui-même.

La seconde partie renferme tout ce qu'il faut savoir pour l'orthographe des mots et des phrases, d'après un système de classification neuf, philosophique, et à la portée de l'intelligence la plus commune. Ce traité, d'où l'on a écarté tout ce qu'il y a, dans cette étude, d'inutile, de faux et d'ennuyeux, offre, en un petit nombre de pages, les avantages réunis du dictionnaire et des règles grammaticales. C'est un livre vraiment élémentaire, qui convient aux écoles primaires, aux institutions libres des deux sexes, et à l'éducation domestique.

LA PRONONCIATION

FRANÇOISE,

DETERMINÉE

PAR DES SIGNES INVARIABLES,

Avec application à divers morceaux, en prose et en vers,

CONTENANT

Tout ce qu'il faut savoir pour lire avec correction et avec goût ;

SUIVIE

De Notions orthographiques, et de la nomen-clature des mots à difficultés.

Par URBAIN DOMERGUE, membre de l'Institut National, et professeur de grammaire générale à l'école centrale des Quatre-Nations.

A PARIS,

Chez
L'AUTEUR, au Louvre, pavillon des archives.
F. BARRET, libraire, rue Croix-des-Petits-Champs, n° 133.

L'AN V DE LA RÉPUBLIQUE FRANÇOISE.

LA PRONONCIATION

FRANÇOISE,

DÉTERMINÉE

PAR DES SIGNES INVARIABLES.

INSTRUCTION.

Enhardi par mes longues méditations sur la langue françoise, cédant au besoin de travailler à sa propagation et à son perfectionnement, j'entreprends de déterminer la valeur de chaque syllabe par des signes invariables dans leur emploi, infaillibles dans leur effet. Vingt prononciations différentes, nées des dialectes féodaux, semblent former vingt idiomes de l'idiome françois. L'égalité a effacé les provinces, la politique commande l'abolition des patois ; la raison, le goût, un saint respect pour la langue de la liberté, nous pressent d'adopter une prononciation uniforme

A 2

et pure , dont l'orthographe sera un jour l'image fidèle.

La réforme orthographique est l'objet des vœux de l'homme instruit , que révolte une orthographe absurde et inconséquente ; des femmes, des enfants, de la plus grande partie des citoyens, que repoussent les épines dont elle est gratuitement hérissée. Mais la réforme orthographique ne me paroît pas avoir atteint ce point de maturité qui écarteroit tout défaut de la théorie, tout inconvénient de l'exécution. Réformons complètement et bien ; les demi-réformes reculent l'époque d'une parfaite réformation ; les réformes erronées entraînent la perte d'un temps, de soins, de mouvements que le sage ne doit qu'au triomphe de la vérité.

Une chose à laquelle n'a pensé aucun des réformateurs, c'est qu'il faut déterminer la prononciation, avant de réformer l'orthographe. Vous voulez qu'on écrive comme on parle. Hé, parle-t-on de même aux Bouches-du-Rhône et à Gemmap, au Mont-Terrible et sur les bords de la Loire ? Paris même , Paris, reconnu pour le centre de la saine prononciation, n'offre-t-il pas des sons illégitimes à l'oreille étonnée des autres dépar-

tements ? L'écriture est à la parole ce que la
copie est à l'original. Si l'original n'est bien
connu dans son ensemble et dans ses détails,
quelle fidélité distinguera la copie.

Accordons-nous d'abord sur le nombre et
la nature des sons, accoutumons l'oreille à les
apprécier, la bouche à les rendre ; bientôt la
main saura les peindre. Vouloir dans ce moment qu'on orthographie, comme on prononce, c'est vouloir qu'il y ait autant d'orthographes qu'il y a de départements, de
communes, d'individus même, c'est vouloir
organiser la confusion des orthographes, et
éteindre à jamais l'espoir de voir s'établir cette
orthographe pure, fille et image d'une saine
prononciation, conforme à la raison, pour
être digne d'un peuple libre, facile et accessible à tous, parce qu'appelés par les droits
de l'homme à tous les emplois, elle est devenue un besoin pour tous.

C'est donc à déterminer cette prononciation que j'ai appliqué mes soins. Et cela seul
est un bien. Oui, quand la notation de la
prononciation actuelle ne seroit pas le pré-
lude de l'orthographe future, quand elle ne
seroit pas un moyen sûr d'arriver vite à la
réforme que sollicite la raison, quand elle

borneroit son service à préciser nos sons et
leurs nuances, mon travail, s'il est bien fait,
offre encore un grand avantage.

C'est par mon oreille que la pensée d'autrui
arrive à mon ame, et l'oreille, organe sensible et délicat, s'ouvre avec peine aux sons
qui la blessent, avec plaisir aux sons qui la
flattent. Il est dans toutes les langues des
rapports harmoniques entre les sons, qu'on
ne peut violer, sans rompre l'harmonie générale dont la parole embellit et fortifie la
pensée. Les faux tons, les faux accords,
tuent les plus belles intentions musicales; les
fausses prononciations tuent les plus beaux
discours.

Tous les françois connoissent une partie
de notre prononciation, peu la possèdent tout
entière, et, dans un système où tel signe ne
signifie rien, où le signe de telle chose en
signifie une autre, au milieu de mille mensonges orthographiques, quel oracle consulter
pour la prononciation? L'académie est un
oracle muet; Féraud, un oracle trompeur.

Les sons du langage sont représentés par
des signes qu'on nomme lettres; le tableau
de ces lettres se nomme alphabet. Si l'alphabet étoit bien fait, si chaque son étoit

exprimé par un signe qui lui convînt toujours, qui ne convînt qu'à lui, la connoissance de l'alphabet seroit la clé de la prononciation. Mais notre langue parlée a quarante éléments, et nous n'avons que vingt-
quatre lettres. Notre indigence est manifeste,
et cependant nous sommes prodigues, nous
n'avons pas assez de signes pour vêtir chaque
son, et souvent un seul son accumule sur lui
plusieurs signes ; l'articulation *Ke* s'exprime
de cinq manières : par *c*, par *q*, par *qu*,
par *k*, par *ch* : canton, coq, quittance,
Lekain, chirographaire. Six caractères sont au
service de l'articulation *se* : *s*, *c*, *ç*, *sc*, *ss*,
t : salut, céleste, leçon, scélérat, justesse,
impatient ; hé, que dirai-je de la nasale *an*,
qui, empruntant à tort et à travers, revêt, au
rapport de Mamert Jussieu, vingt-neuf formes
différentes ?

Nous avons trop et trop peu de signes.
Écartons le luxe, qui, nous offrant plusieurs
moyens, souvent nous trompe sur le véritable. Écartons l'indigence, qui, mendiant
différents lambeaux, pour vêtir un son, rend
par des bigarrures l'élément un et indivisible
par essence.

AUTANT de signes que de sons, ni plus ni

moins, pour qu'il n'y ait ni indigence ni superflu.

APPLICATION constante et exclusive du signe au son, pour qu'il n'y ait ni double emploi ni contradiction.

SON SIMPLE, signe simple, pour ne pas multiplier les êtres sans nécessité.

Telles sont les bases de l'alphabet que je mettrai bientôt sous les yeux du lecteur.

Ami, baril, canif, etc. présentent des *a* aigus; *câble, raser, passion*, présentent des *a* graves.

J'écrirai l'*a* aigu tout simplement : *ami, baril, canif*; je marquerai l'*a* grave de l'accent que l'usage affecte à ce son : *câble, raser, passion*.

a à.

Rose, plume, page présentent des *e* muets foibles, *Jeu, peu, peuple* présentent des *e* muets forts et brefs.

Beurre, macreuse, des *oeufs* présentent des *e* muets forts et longs.

J'écrirai l'*e* muet tout simplement : *rose, plume, page*.

Fidèle à ce principe qu'un signe simple commande un signe simple, j'écrirai l'*e* muet fort et bref, qui est un son simple, non par le signe composé *eu*, mais par le signe simple *e* : *je, peu, peple*.

J'écrirai

J'écrirai l'e muet fort et long également par ę, et je le surmonterai du trait horizontal, signe connu de l'alongement : bę̄rre, macrę̄se, des œ̄fs.

e ę ę̄.

Café, bonté, dépôt, présentent des e aigus brefs.

Lésion, adhésion, réplétion, présentent des e aigus longs.

Planète, modèle, remède, présentent des e moyens, des e qui tiennent le milieu entre l'e aigu et l'e grave.

Père, zèle, problème, présentent des e graves.

J'écrirai l'e aigu bref tout simplement : café, bonté, dépôt.

J'écrirai l'e aigu long avec le signe de l'alongement : lēsion, adhēsion, rēplētion.

J'écrirai l'e moyen, non avec l'accent aigu, qui indique l'e aigu, ni avec l'accent grave, que je réserve pour les sons graves; mais avec un point sur l'e : planéte, modéle, reméde. Un accent vertical conviendroit à l'e moyen, mais dans l'écriture à la main, penchant tantôt à droite, tantôt à gauche, cet accent deviendroit un signe équivoque.

J'écrirai l'e grave avec l'accent grave : père, zèle, problème. Je proscris l'accent circonflexe, parce que l'accent grave, peignant suffisamment les sons graves, il devient inutile.

é ē ė ė.

Cocarde, morale, présentent des o aigus.

Grossir, rosier, présentent des o graves.

J'écrirai l'o aigu tout simplement : cocarde, morale.

J'écrirai l'o grave avec l'accent grave : gròssir, ròsier.

o ò.

Petit, petite, présentent des i brefs.

Gîte, plie, présentent de i longs.

J'écrirai l'i bref simplement : petit, petite.

J'écrirai l'i long avec le signe de l'alongement : gīte, plīe.

i ī.

Nu, bute, présentent des u brefs, Nue, flûte, présentent des u longs. J'écrirai l'u bref tout simment : nu, bute. J'écrirai l'u long avec le signe de l'alongement : nūe, flûte.

u ū.

Tout, toute, présentent des ou brefs.

Goût, croûte, présentent des ou longs.

Ou, ne formant qu'un son, je n'emploierai pas deux lettres. D'ailleurs, o et u ont chacun leur emploi ; ils ne peuvent en recevoir un autre, sans devenir des signes équivoques et trompeurs.

J'écrirai ou bref par u : tu, tute.

J'écrirai ou long par ū : gūt, crute, Le trait inférieur

distingue cette lettre de l'u qui sonne dans vertu ;
le trait supérieur marque l'alongement.

u　ū.

Je proscris l'accent circonflexe , parce que le trait
horizontal peignant la longueur , il devient inutile.

Les voix que nous venons de tracer sont au
nombre de sept ; leurs nuances principales , au
nombre de dix. Ces dix-sept voix se nomment
orales , parce qu'elles sortent pures de la bouche ;
on nomme nasales quatre autres voix , parce que ,
dans l'émission , elles sont modifiées par le nez.

Plan , pain , bon , à jeûn , etc. présentent nos
quatre voix nasales. Je ne m'écarterai pas du principe que j'ai posé : son simple , signe simple ; j'é-
crirai a̦ e̦ o̦ ē̦.

Total 21 voix , que je rends par 21 voyelles ,
dont chacune a un emploi fixe et incommunicable.

TABLEAU DES VOYELLES.
Orales.

TOUJOURS , CONSTAMMENT , SANS LA MOINDRE

V A R I A T I O N

Prononcez

a , comme dans *gala* , *pari*.
à , comme dans *grace* , *âge* , *ration*.
e , comme dans *bonne* , *bonnement*,
e̦ , comme dans *feu* , *peuple*.
ē̦ , comme dans *jeûner* , *chef-d'œuvre*.

B 2

é , comme dans vérité.

ē , comme dans adhésion.

é , comme dans chansonnette , modèle.

è , comme dans guerre , père , caisse.

o , comme dans zéro.

ò , comme dans zone , chaume.

i , comme dans colibri.

ī , comme dans envie , lire.

u , comme dans attribut.

ū , comme dans attribution , entrevue.

u , comme dans poumon , tourte.

ū , comme dans goût , croûte , pelouse.

Nasales.

a , comme dans enfant.

e , comme dans vin , plein , lien.

o , comme dans bon , tombe.

e , comme dans commun , à jeûn.

Il reste dix-huit articulations, qu'expriment dix-huit consonnes , dont chacune a , comme chaque voyelle, un emploi fixe et incommunicable.

Le tableau des voyelles et celui des consonnes doivent être consultés, toutes les fois que, dans l'application, on a besoin de connoître la juste valeur d'un signe auquel on n'est pas encore accoutumé.

Les mots prototypes, les modèles qui suivent chaque signe, doivent être présents à l'oreille, pour régler la prononciation.

TABLEAU DES CONSONNES.

Toujours, constamment, sans variation aucune

Prononcez

m , comme dans mère.
b , comme dans battre.   } Labiales.
p , comme dans papa.

v , comme dans vivacité.   } Labio-dentales.
f , comme dans force.

d , comme dans devoir.
t , comme dans tutoyer,
et jamais comme dans *portion*.   } Dentales.
n , comme dans honorer,
et jamais comme dans *bon*.

l̦, comme dans lettre.

l, comme dans fami*ll*e.

ñ, comme dans agneau,

et jamais comme dans *gnome*,

c'est le signe des Espagnols.

} **Linguales.**

z, comme dans azur,

s, comme dans salut,

et jamais comme dans *rose*,

r, comme dans rire.

j, comme dans juste,

j, comme dans choisir,

et jamais comme dans *chimère.* Le

gn et le *ch*, lettres composées, ne

doivent pas exprimer des articula-

tions simples.

} **Palatales.**

g, comme dans garant,

et jamais comme dans *géant*,

c, comme dans canton,

et jamais comme dans *cécité.*

} **Gutturales.**

Ce signe ⟨ placé devant une voyelle, la fera
prononcer aspirée. Le signe aspiratif remplacera
le h aspiré dans *la haine*, *le héros* ; etc. on
écrira la ⟨ène, le ⟨éro.

Tels sont les caractères dont je me servirai,
pour déterminer notre prononciation, caractères dont l'œil ne peut être blessé, puisque

le fond de la lettre reste le même , et que
les nuances sont marquées par des accents
connus. Leur inutilité a fait proscrire *k*, *q*,
x et *y*. Dans ce système alphabétique, aucune
lettre n'est ni oiseuse, ni équivoque, ni va-
riable ; toutes les lettres commandent une
voix, une nuance de voix, une articulation ;
toutes commandent toujours la même voix,
la même nuance de voix, la même articulation. Tout ce qui ne se prononce pas, je ne
l'écris pas, tout ce que j'écris se prononce.
Il est bien étrange qu'on n'ait pas senti la
justesse et l'importance de ce principe : l'orthographe doit être la prononciation écrite,
et la prononciation, l'orthographe parlée. Mais
notre grande et magnifique révolution fait
graviter vers elle toutes les révolutions utiles.
Le temps n'est pas loin où , par l'impulsion
seule de la liberté , le françois, s'élevant à tout
ce qui est beau, à tout ce qui est bon, rendra
toutes les nations admiratrices et émules de
son gouvernement, de son indépendance, de
son noble courage , de son instruction publique, de ses chef-d'œuvres dans les arts, de la
perfection de sa langue.

C'est sur les droits de l'homme que j'essaye
d'abord, à l'aide du nouvel alphabet , de

déterminer la prononciation françoise. Des deux pages qui sont en regard, la première est écrite avec l'orthographe ordinaire ; la seconde, avec les caractères qui indiquent la prononciation.

J'ai choisi cet ouvrage, parce qu'il est sous la main de tous les françois, parce que ses pages saintes étant dépositaires de nos droits et de nos devoirs, le respect nous commande de les lire avec une pureté digne d'elles. Je l'ai choisi, pour que l'étranger, avide de connoître notre prononciation, lise, dans l'exposition de nos principes, l'apologie de la nation françoise, que la malveillance a osé calomnier, furieuse de n'avoir pu la vaincre.

Je fais ensuite l'application du nouvel alphabet à des morceaux choisis d'éloquence républicaine, à quelques endroits saillants des voyages du jeune Anacharsis, monument immortel d'érudition et de goût, de raison et de style.

Enfin, j'ai cru qu'après les formes simples du discours, dans la première application ; après les formes oratoires dans la seconde, je devois m'élever aux formes poétiques dans un troisième essai.

J'ai

J'ai fait choix, dans cette troisième application; 1°. de beaux vers sur l'être suprême et l'immortalité de l'ame, afin de graver dans tous les cœurs le Dieu auquel nous devons notre liberté, et l'impérissable félicité de ceux qui en sont les héros ou les martyrs.

2°. De morceaux de Brutus et de Guillaume Tell, d'odes et d'hymnes forts de poésie et de patriotisme, afin de présenter dans le plus beau langage, ce que nous devons avoir le plus dans le cœur : la haine de la tyrannie, et l'amour de la liberté.

N. B. Le premier essai sera suivi de la réponse aux objections; le second, des règles générales de notre prosodie; le troisième, d'un petit traité sur la lecture des mots et des phrases.

DÉCLARATION

DES DROITS ET DES DEVOIRS

DE L'HOMME ET DU CITOYEN,

LE peuple françois proclame , en présence de l'être suprême , la déclaration suivante des droits et des devoirs de l'homme et du citoyen.

DROITS.

ARTICLE PREMIER.

Les droits de l'homme en société sont la liberté, l'égalité , la sûreté , la propriété.

2. La liberté consiste à pouvoir faire ce qui ne nuit pas aux droits d'autrui.

3. L'égalité consiste en ce que la loi est la même pour tous , soit qu'elle protège , soit qu'elle punisse.

L'égalité n'admet aucune distinction de naissance , aucune hérédité de pouvoirs.

4. La sûreté résulte du concours de tous , pour assurer les droits de chacun.

DÉCLARATION

DES DROITS ET DES DÈVOIRS

DE L'HOMME ET DU CITOYEN.

———

Le pœple frasè proclàme, a prēzase de l'ètre suprème, la déclaràsio suivate dè droàz é dè devoar
de l'ome é du sitoaie.

DROITS.

ARTICLE PREMIER.

Lè droà de l'ome a sosiété, sŏ la libérté, l'é-
galité, la sūreté, la propriété.

Dę. La libérté cosiste à pŭvoar fère sę ci ne nui
pàz ò droà d'òtrui.

Troà. L'égalité cosiste a sè ce la loa è la mème
pŭr tŭz; soa c'éle protéje, soa c'éle punise.

L'égalité n'admèt òcune distęcsio de nèsase,
òcune érédité de pŭvoar.

Catre. La sūreté rēzulte du cocur de tŭz, pŭr
asuré lè droà de jacę.

C 2

5. La propriété est le droit de jouir et de disposer de ses biens, de ses revenus, du fruit de son travail et de son industrie.

6. La loi est la volonté générale exprimée par la majorité ou des citoyens ou de leurs représentants.

7. Ce qui n'est pas défendu par la loi, ne peut être empêché.

Nul ne peut être contraint à faire ce qu'elle n'ordonne pas.

8. Nul ne peut être appelé en justice, accusé, arrêté ni détenu, que dans les cas déterminés par la loi, et selon les formes qu'elle a prescrites.

9. Ceux qui sollicitent, expédient, signent, exécutent ou font exécuter des actes arbitraires, sont coupables, et doivent être punis.

10. Toute rigueur qui ne seroit pas nécessaire, pour s'assurer de la personne d'un prévenu, doit être sévèrement réprimée par la loi.

11. Nul ne peut être jugé, qu'après avoir été entendu, ou légalement appelé.

12. La loi ne doit décerner que des peines strictement nécessaires et proportionnées au délit.

13. Tout traitement qui aggrave la peine déterminée par la loi, est un crime.

14. Aucune loi, ni criminelle, ni civile, ne peut avoir d'effet rétroactif.

15. Tout homme peut engager son temps et ses services, mais il ne peut se vendre ni être

Sec. La propriété è le droa de juir é de dispòzé de sè biẹ , de sè revenu, du frui de sọ travaḷ é dẹ son ẹdustriẹ.

Siz, La loa è la volọté jénérale , écsprimēe par la majorité ụ dè sitoaiẹz ụ de lẹr rẹpréząțạ.

Sèt. Se ci n'è pá défạdu par la loa , ne pẹt ètre apèché.

Nul ne pẹt ètre cọtrẹt a fère se c'èle n'ordonẹ pá.

Uit. Nul ne pẹt ètre apelé ạ justise , acuzé , àrèté ni détenu , ce da lè cà détérminé par la loa , é sẹlọ lè forme c'èle a préscrite.

Nẹf. Sẹ ci sollisite , écspédiẹ , ẹgzécuțet ụ fọt ẹgzécuté dès actez arbitrère , sọ cụpable , è doavet ètre puni.

Diz. Tụte rigẹr ci ne serẹ pà nésésère , pụr s'asuré de la pèrsone d'ẹ prèvenu , doat ètre sévèremạ réprimēe par la loa.

ozẹ. Nul ne pẹt ètre jujé , c'aprèz avoar été ạțạdu , ụ légalemạt apelé.

Dūze. La loa ne doa désérné ce dè pène strictemạ nésésère , é proporsionēes ò déli.

Trèze. Tụ trèțemạ ci agràve la péne détérminēe par la loa , èt ẹ crime.

Catorze. òcune loa , ni criminéle ni sivile , ne pẹt avoar d'éfé rétroactif.

Cẹze. Tụt ome pẹt agajé sọ țaz é sè sérvise , mèz il ne pẹ se vạdre ni ètre vạdu ; sa pèrsone n'è

vendu ; sa personne n'est pas une propriété aliénable.

16. Toute contribution est établie pour l'utilité
générale , elle doit être répartie entre les con-
tribuables , en raison de leurs facultés.

17. La souveraineté réside essentiellement dans
l'universalité des citoyens.

18. Nul individu , nulle réunion partielle de citoyens , ne peut s'attribuer la souveraineté.

19. Nul ne peut , sans une délégation légale ,
exercer aucune autorité , ni remplir aucune fonction publique.

20. Chaque citoyen a un droit égal de con-
courir , immédiatement ou médiatement , à la for-
mation de la loi , à la nomination des représentants
du peuple et des fonctionnaires publics.

21. Les fonctions publiques ne peuvent devenir
la propriété de ceux qui les exercent.

22. La garantie sociale ne peut exister , si la division des pouvoirs n'est pas établie , si leurs limites
ne sont pas fixées , et si la responsabilité des fonctionnaires publics n'est pas assurée.

DEVOIRS.

ARTICLE PREMIER.

La déclaration des droits contient les obligations
des législateurs ; le maintien de la société demande
que ceux qui la composent , connoissent et rem-
plissent également leurs devoirs.

pàz une propriété aliénable.

Sèze. Tute cǫtribūsiǫ èt établīe pǔr l'utilité
jénérale ; èle dǫat ètre répartīe ǎtre lè cǫtribuable,
a rèzǫ de lǫ̌r faculté.

Diz-sét. La sǔvérèneté rēzide ésǎsièlema dǎ l'u-
nivérsaḷité dè sitoaiǫ.

Diz-ǔit. Nul ǫdividu , nǔle réuniǫ parsiéle de
sitoaiǫ , ne pǫ s'atribué la sǔvèrèneté.

Diz-nǫf. Nul nǫ pǫ , saz une délégàsiǫ légale ,
ègzércér ǒcune ǒtorité , ni raplir ǒcune fǫcsiǫ publice.

Vǫ. jace sitǫaiǫ a ǫ droat égal de cǫcǔrir im-
médiatemǎt ǔ médiatemat a la formàsiǫ dǫ la lóa ,
a la nominàsiǫ dè reprézata du pǫple é dè fǫcsionère public.

Vǫt-ǫ. Lè fǫcsiǫ publice ne pǫve devenir la propriété de sǫ̌ ci lèz ègzérse.

Vǫt-dǫ̌. La garạtīe sosiale ne pǫt ègzisté , si la
divīziǫ dè pǔvoar n'è pàz établīe , si lǫr limite ne
sǫ pà ficsēe , é si la rèspǫsabilité dè fǫcsionère public n'è pàz asurēe.

D E V O I R S.

A R T I C L E   P R E M I E R.

La déclaràsiǫ dè droà cǫtiǫ lèz obligàsiǫ dè
léjislatǫr ; le mǫtiǫ de la sosiété demạde ce sǫ̌ ci
la cǫpòse, cǫnèset é rapliset égalémǎ lǫr devoar.

2. Tous les devoirs de l'homme et du citoyen dérivent de ces deux principes gravés par la nature dans tous les cœurs :

Ne faites pas à autrui ce que vous ne voudriez pas qu'on vous fît.

Faites constamment aux autres le bien que vous voudriez en recevoir.

3. Les obligations de chacun envers la société consistent à la défendre, à la servir, à vivre soumis aux lois, et à respecter ceux qui en sont les organes.

4. Nul n'est bon citoyen, s'il n'est bon fils, bon père, bon frère, bon ami, bon époux.

5. Nul n'est homme de bien, s'il n'est franchement et religieusement observateur des lois.

6. Celui qui viole ouvertement les lois, se déclare en état de guerre avec la société.

7. Celui qui, sans enfreindre ouvertement les lois, les élude par ruse ou par adresse, blesse les intérêts de tous; il se rend indigne de leur bienveillance et de leur estime.

8. C'est sur le maintien des propriétés que reposent la culture des terres, toutes les productions, tout moyen de travail, et tout l'ordre social.

9. Tout citoyen doit ses services à la patrie et au maintien de la liberté, de l'égalité et de la propriété, toutes les fois que la loi l'appelle à les défendre.

———————

Dẽ. Tũ lè devoar de l'ome é du sitoaie dérive de sè dẽ prẹsipe gravé par la nature da tũ lè cẹr :

Nẹ fète pàz a òtrui se ce vũ nẹ vuḍrié pà c'ọ vũ fi.

Fète cọstamat òz òtre ḷe biẹ ce vũ vuḍriéz a resevoar.

Troà. lèz obligàtiọ de jacẹ avẹr la sosiéṭé, cọsistet a la défaḍre, a la sèrvir, a vīvre sumiz ò loà, é a rèspécté sẽ ci a sọ lèz organe.

Catre. Nul n'è bọ sitoaie, s'il n'è bọ fiz, bọ père, bọ frère, bon ami, bon épũ.

Sẹc. Nuĺ p'èt ome de biẹ, s'il n'è frajemat é relijiẽzemat obsèrvatẹr dè loà.

Siẓ. Seĺui ci viole uvèrtemạ lè loà, se déclàre an éta de gère avèc la sosiété.

Sét. Selui ci saz afreḍre uvèrtemạ lè loà, lèz élude par ruze u par adrèsẹ, blèse lèz eṭérè de tũz, il se rạt eḍiñe de lẹr bievèḷase é de lẹr éstime.

Uit. S'è sur le mẹtiẹ dè propriété ce repòse la cultūre dè tère, tuṭe lè producsiọ, tu moaie de traval, é tu l'ordre sosial.

Nẹf. Tũ sitoaie doa sè sèrvisez a la palrīe ẹ ò mẹtiẹ de la libérté, de l'égalité é de la propriété, tuṭe lè foà ce la loa l'apèle a lè défaḍre.

Nous ajoutons à la déclaration des droits et des devoirs le titre XIV de notre constitution, qui, renfermant des dispositions générales, a, par-là même, quelque rapport avec la déclaration. Le temps viendra où, dans un ouvrage à part, nous soumettrons au nouveau procédé la constitution tout entière et les lois sur l'instruction publique, avec des notes politiques et grammaticales.

Dispositions générales de la Constitution françoise.

Art. 1er. Il n'existe entre les citoyens d'autre supériorité que celle des fonctionnaires publics, et relativement à l'exercice de leurs fonctions.

2. La loi ne reconnoît ni vœux religieux, ni aucun engagement contraire aux droits naturels de l'homme.

3. Nul ne peut être empêché de dire, écrire, imprimer et publier sa pensée.

Les écrits ne peuvent être soumis à aucune censure, avant leur publication.

Nul ne peut être responsable de ce qu'il a écrit ou publié, que dans les cas prévus par la loi.

4. Nul ne peut être empêché d'exercer, en se conformant aux lois, le culte qu'il a choisi.

Nul ne peut être forcé de contribuer aux dépenses d'aucun culte. La République n'en salarie aucun.

Nūz ajutoz a la déclaràsiǫ dè droàz é dè devoar le titre XIV de notre cǫstitūsiǫ, ci, rǎfèrma dè dispòzīsiǫ jénérale, a, par la-mème, cèlce rapor avèc la déclaràsiǫ. Lǝ tǝ viȩdra ų, dǝz un ųvraje a par, nū sumétrǫz ò nųvò prǒsédé la cǫstitūsiǫ tut ǝtière é lè loà sur l'ȩstrucsiǫ publice, avèc dè note politicez é gramaticale.

Dispositions générales de la Constitution françoise.

Article premié. Il n'ègziste ǝtre lè sitoaiȩ d'òtre supériorité ce sèle dè fǫcsionère public, é relatīvemǎt ǝ l'ègzérsise de lȩr fǫcsiǫ.

Dȩ̄. La loa ne reconè ni vȩ̄ relijiȩ̄, ni òcun agajemǎ cǫtrère ò droà naturèl de l'ome.

Troà. Nul ne pȩt ètre apèjé de dīre, ȩprimer é publié sa pǎsée.

Lèz écri ne pȩvet ètre sųmiz à òcune sǎsūre, avǝ lȩr publicàsiǫ.

Nul ne pȩt ètre réspǫsable de se c'il a écrit ų publié, ce dǝ lè càs prévu par la loa.

Catre. Nul ne pȩt ètre apèjé d'ègzèrsér, ǝ se cǫformǝt ò loà, le culte c'il a joàzi.

Nul ne pȩt ètre forsé de cǫtribuér ò dépase d'ò-cȩ̨ culte. La Républice n'ǝ salarīe òcȩ̨.

D 2

5. Il n'y a ni privilège, ni maîtrise, ni jurande, ni limitation à la liberté de la presse, du commerce, et à l'exercice de l'industrie et des arts de toute espèce.

Toute loi prohibitive en ce genre, quand les circonstances la rendent nécessaire, est essentiellement provisoire, et n'a d'effet que pendant un an au plus, à moins qu'elle ne soit formellement renouvelée.

6. La loi surveille particulièrement les professions qui intéressent les mœurs publiques, la sûreté et la santé des citoyens; mais on ne peut faire dépendre l'admission à l'exercice de ces professions d'aucune prestation pécuniaire.

7. La loi doit pourvoir à la récompense des inventeurs, ou au maintien de la propriété exclusive de leurs découvertes ou de leurs productions.

8. La constitution garantit l'inviolabilité de toutes les propriétés, ou la juste indemnité de celles dont la nécessité publique, légalement constatée, exigeroit le sacrifice.

9. La maison de chaque citoyen est un asile inviolable; pendant la nuit, nul n'a le droit d'y entrer que dans le cas d'incendie, d'inondation, ou de réclamation venant de l'intérieur de la maison.

Pendant le jour, on peut y exécuter les ordres des autorités constituées.

Aucune visite domiciliaire ne peut avoir lieu qu'en vertu d'une loi, et pour la personne ou l'ob-

Sec. Il n'i a ni privilèje ni mètrise, ni jurade,
ni limitàsio a la libérté de la prèse, du comèrse, é a
l'ègzérsise de l'çdustrīe é dèz ar de tute éspèse.

Tute loa proibitīve a se jare, ca lè sircostase
la rade nésésère, èt esasielema provisoàre, é n'a
d'éfè ce padat un à ò plu, a moe c'ele ne soa for-
mèlema renuvelēe.

Siz. La loa sùrvéle particulièremà lè profèsio ci
 etérése lè mer publice, la sūreté é la saté dè si-
tòaie; mèz o ne pe fère dépadre l'admīsio a l'ègzérsise de sè profèsio d'òcune prèstàsio pécunière.

Sét. La loa doa purvoar a la récopase dèz eva-
ter, u ò mètie de la propriété ecsclūsīve de ler dé-
cuvèrtez u de ler producsio.
Uit. La costitūsio garati l'eviolabilité de tute lè
propriété, u la juste edamnité de sele do la nésésité
publice, légalema costatēe, ègzijerè le sacrifise.

Nef. La mèzo de jace sitoaie èt un àzile eviolable;
pada la nui, nul n'a le droa d'i atré, ce da le cà
d'esadīe, d'inodàsio u de réclamàsio vena de l'etéri-
rier de la mèzo.
Pada le jur, o pet i ègzécuté lèz ordre dèz òtorité
costituēe.
òcune visite domisilière ne pet avoar lie c'a vèrtu
d'une loa, é par la persone u l'objèt ecsprésémq

jet expressément désigné dans l'acte qui ordonne
la visite.

10. Il ne peut être formé de corporations ni d'as-
sociations contraires à l'ordre public.

11. Aucune assemblée de citoyens ne peut se
qualifier société populaire.

12. Aucune société particulière, s'occupant de
questions politiques, ne peut correspondre avec
aucune autre, ni s'affilier à elle, ni tenir des séances
publiques composées de sociétaires et d'assistants dis-
tingués les uns des autres, ni imposer des condi-
tions d'admission et d'éligibilité, ni s'arroger des
droits d'exclusion, ni faire porter à ses membres
aucun signe extérieur de leur association.

13. Les citoyens ne peuvent exercer leurs droits
politiques que dans les assemblées primaires ou
communales.

14. Tous les citoyens sont libres d'adresser aux
autorités publiques des pétitions, mais elles doivent
être individuelles; nulle association ne peut en présenter de collectives, si ce n'est les autorités constituées, et seulement pour des objets propres à
leur attribution.

Les pétitionnaires ne doivent jamais oublier le
respect dû aux autorités constituées.

15. Tout attroupement armé est un attentat à
la constitution ; il doit être dissipé sur-le-champ
par la force.

16. Tout attroupement non armé doit être éga-

dēsiñé da l'acte ci ordone la visite.

Diz. Il ne pet être formé de corporàsio ni d'a-
sosiàsio cotrèrez a l'ordre public.

oze. òcune aseblēe de sitoaie ne pe se califié
sosiété populère.

Dūze. òcune sosiété particulière, s'ocupa de cēs-
tio politice, ne pe corréspodre avéc òcune òtre,
ni s'afiliér a éle, ni tenir dè séase publice copòzēe
de sosiétèrez é d'asista distegé lèz e dèz òtre, ni
epòzé dè codisio d'admisio é d'élijibilité, ni s'arrojé
dè droà d'ecsclūsio, ni fère portér a sè mabre òce
siñe écstériér de ler asosiàsio.

Trèze. Lè sitoaie ne pevet ègzérsé ler droà politice ce da lèz asablēe primèrez u comunale.

Catorze. Tū lè sitoaie se libre d'adrésér òz òtorité
publice dè pétisio, mèz éle doavet être edividuéle ;
nule asosiàsio ne pet a prēsaté de colléctive, si se
n'è lèz òtorité costituēe, é selema pur dèz objè proprez a ler atribūsio.

Lè pétisionère ne doave jamèz ublié le réspéc du
òz òtorité costituēe.

Ceze. Tut atrupemat armé èt un atatat a la costitūsio ; il doat être disipé sur le ja par la forse.

Sèze. Tut atrupema no armé doat ètro ègalema

lement dissipé, d'abord par voie de commandement
verbal, et, s'il est nécessaire, par le développe-
ment de la force armée.

17. Plusieurs autorités constituées ne peuvent jamais se réunir pour délibérer ensemble ; aucun acte
émané d'une telle réunion ne peut être exécuté.

18. Nul ne peut porter de marques distinctives
qui rappellent des fonctions antérieurement exer-
cées, ou des services rendus.

19. Les membres du corps législatif et tous les
fonctionnaires publics portent, dans l'exercice de
leurs fonctions, le costume ou le signe de l'autorité dont ils sont revêtus; la loi en détermine la
forme.

20. Nul citoyen ne peut renoncer, ni en tout ni
en partie, à l'indemnité ou au traitement qui lui est
attribué par la loi, à raison de fonctions publiques.

21. Il y a dans la République uniformité de poids
et de mesures.

22. L'ère françoise commence au 22 septembre
1792, jour de la fondation de la République.

23. La Nation françoise déclare qu'en aucun cas
elle ne souffrira le retour des françois qui, ayant
abandonné leur patrie, depuis le 15 juillet 1789, ne
sont pas compris dans les exceptions portées aux
lois rendues contre les émigrés; et elle interdit au
corps législatif de créer de nouvelles exceptions
sur ce point.

disipé

diṡipé, d'abor par voàc de comademạ vérbal, é s'il è néṡèṡère, par le dévelopemạ de la forse armēe.

Diz-sét. Plūziẹrz òtorité cọstituēe ne pẹve jamè sẹ réunir pur délibérér ạsable; òcun acté émané d'ūne tèle réunio nẹ pẹt ètre égzécuté.

Diz-uit. Nul ne pẹt porté de marce distẹctīve ci rapèle dè fọcsiọz ạtériọreṃat égzérsēe, ụ dè ṡérvise rạdu.

Diz-nẹf. Lè mạbre du cor léjislatif é tū lè fọcsionère public porte, dạ l'égzérsiṣọ de lẹr fọcsiọ, le costume ụ le siñe de l'òtorité dọt i sọ revètu; la loa ạ détérmine la forme.

Vẹ. Nul sitoaiẹ ne pẹ renọsé, ni ạ tụ ni ạ partīe, a l'ẹdamnité ụ ò trétemạ ci lui èt atribué par la loa, a rèzọ de fọcsiọ publice.

Vẹt-ẹ. Il i ạ dạ la République uniformité de poàz é de mezūre.

Vẹt-dẹ. L'ère frạṡèze cọḷṇạse, ò vẹt-dẹ séptạbre, mil sé sạ catre-vẹ-dūze, jụr de la fọdàsiọ de la République.

Vẹt-troà. La nàsiọ frạṡèze déclàre c'an òcẹ cà, èle ne sụfrira le retụr dè fraṡè ci, éiạt abạdoné lẹr patrīe, depui le cẹze julẹ, mil sé sạ catre vẹ nẹf, ne sọ pà cọpri dạ lèz écsépsiọ portēez ò loà rạdūe cọtre lèz émigré, é èle ẹtérdit ò cor léjislatif de créé de nụvélez écsépsiọ sur se poẹ.

Les biens des émigrés sont irrévocablement acquis au profit de la République.

24. La nation françoise proclame pareillement, comme garantie de la foi publique, qu'après une adjudication légalement consommée de biens nationaux, quelle qu'en soit l'origine, l'acquéreur légitime ne peut en être dépossédé, sauf aux tiers réclamants à être, s'il y a lieu, indemnisés par le trésor national.

25. Aucun des pouvoirs institués par la constitution n'a le droit de la changer, dans son ensemble ni dans aucune de ses parties, sauf les réformes qui pourront y être faites par la voie de la révision, conformément aux dispositions du titre XIII.

26. Les citoyens se rappelleront sans cesse que c'est de la sagesse des choix, dans les assemblées primaires et électorales, que dépendent principalement la durée, la conservation et la prospérité de la République.

27. Le peuple françois remet le dépôt de la présente constitution à la fidélité du corps législatif, du directoire exécutif, des administrateurs et des juges ; à la vigilance des pères de famille, aux épouses et aux mères, à l'affection des jeunes citoyens, au courage de tous les françois.

Lè bię dèz émigré sǫt irrévocablemąt aquiz ò profi de la Républice.

Vęt-catre. La nàsiǫ frasèze proclame parèlemą, comę garątīe de la foa publice, c'aprèz une adjudicàsiǫ légalemą cǫsomēe de bię nasionò, cèle c'a soa l'orijine, l'aquérẹr léjitime ne pẹt an ètre dépoçédé, sòf ò tiér réclamąz a ètre, s'il i a lię, ędamnisé par lę trēzor nasional.

Vet-sèc. òcẹ dè pųvoarz ẹstitué par la cǫstītūsiǫ n'a le droa de la jajé, dą son ąsable ni dąz òcune de sę partīe, sòf lè réforme ci pųrǫt i ètre fète par la vòae de la révīsiǫ, cǫformémąt ò dispòsitiǫ du titre trèze.

Vęt-siz. Lè sitoaie se rapèlerǫ są sèse ce s'è dę la sajése dè joà, dą lèz ąsablēe primèrez é éléctorale, cę dépade prẹsipalemą la durēe, la cǫsèrvàsiǫ é la prospérité de la Républice.

Vęt-sét. Le pęple frasé remé le dépò de la prēsątę cǫstītūtiǫ a la fidélité du cor léjislatif, du diréctǫàre ègzécutif, dèz administratęrz é dè juje; a la viįiląse dè père de famile, ǫz épųizez é ò mère, a l'afécsiǫ dè jęne sitoaie, ò cúraįe de tū lè frasè.

DIALOGUE

DANS *lequel l'Auteur répond aux différentes objections.*

INTERLOCUTEURS.

SOPHOS.
ETYMOLE.
ROUTINET.
ORBILIUS.
URBAIN.

SOPHOS.

J'APPROUVE, Urbain, le dessein que vous avez exécuté, de déterminer la prononciation de notre langue. Les françois de tout âge, de toute profession, les peuples amis : tout le monde doit vous savoir gré d'avoir levé le voile qui couvroit notre prononciation en général, notre prosodie en particulier. C'est bien mériter de la liberté, que d'en rendre l'idiome facile et accessible à tous, c'est lui préparer des conquêtes dans le globe entier.

URBAIN.

Qu'elle soit dans tous les cœurs, comme elle est dans le mien, son règne sera sans borne et sans fin.

SOPHOS.

L'instruction que vous avez mise à la tête de votre opuscule m'a paru claire ; les signes que vous employez, simples et faciles à retenir. J'ai lu alternativement, dans les deux pages en regard, les phrases de la première et celles de la seconde. J'ai quelquefois eu besoin de recourir à l'instruction, pour connoître la valeur d'un signe qui ne m'étoit pas encore familier, et j'ai toujours été satisfait. Mais....

URBAIN.

Parlez-moi franchement ; j'aime la critique, elle éclaire celui qui l'exerce ou celui qui en est l'objet, et souvent l'un et l'autre.

SOPHOS.

Êtes-vous bien sûr d'avoir noté tous les sons et toutes leurs nuances principales ?

URBAIN.

Je ne suis pas sûr d'avoir obtenu un plein succès, mais bien de mes efforts pour l'obtenir. J'ai fait une étude sérieuse et longue de

notre prononciation et de notre prosodie. Une
tragédienne célèbre, Sainval l'aînée, savante
dans l'art de la déclamation comme dans le
jeu théatral, a déclaré devoir une grande partie de ses connoissances en prosodie, au traité
que j'ai donné sur cette matière. L'auteur éloquent de l'éloge de Descartes, Thomas, après
avoir lu le même traité, m'écrivit qu'il n'avoit
rien vu de plus complet pour l'étendue, rien
de plus exact pour les détails.

J'ai écouté avec attention, et noté avec soin
la prononciation de Lekain, de Brizard, de
nos grands maîtres en l'art de la parole. Mon
oreille avide a reçu et calculé tous les sons de
ces femmes studieuses de tous les moyens de
plaire, dont l'organe prosodique communique
au langage tant de grace et d'intérêt.

J'ai assemblé un juri grammatical ; je lui ai
soumis mon travail, et l'examen a été suivi
d'une approbation qui me rassure.

Enfin, j'ai fait, par la voie des papiers publics, un appel à tous ceux qui se sont particulièrement livrés à l'étude de notre prononciation, avec invitation de dénoncer et les
nuances que j'ai pu mal noter, et celles que
j'ai pu omettre, semblable à cet imprimeur
qui, jaloux de donner des éditions sans tache,

exposoit les épreuves aux regards du public,
et promettoit une récompense à quiconque
trouveroit une faute.

S O P H O S.

Tant de précautions doivent inspirer la confiance.

U R B A I N.

Dans un ouvrage ordinaire, un auteur doit
respecter le public ; j'ai dû faire plus ici, j'ai
dû respecter le peuple.

S O P H O S.

On me persuadera difficilement que nous
n'avons pas un *a*, un *e*, un *o* très-ouverts,
l'*a*, l'*e* et l'*o*, marqués de l'accent circonflexe.

U R B A I N.

Sans doute l'*a*, l'*e* et l'*o* sont plus ouverts
dans *âge*, *mêle*, *rôle*, que dans *âgé*, *mêlé*,
enrôlé. Il n'est pas un son, muet, fermé, ouvert, moyen, bref, long, dont la teinte ne
s'affoiblisse ou ne se fortifie, au gré des circonstances. L'*e* muet est plus muet dans *bonnement* que dans *bonne* ; l'*é* fermé, plus fermé
dans *Thémistocle* que dans *thé* ; l'*e* ouvert,
plus ouvert dans homme *honnête* que dans
honnête homme ; l'*i* bref, plus bref dans *petit*
que dans *petite* ; l'*u* bref, plus bref dans *attri-*

but que dans *butte*. Le son final se renforce, pour appeler l'attention ; le son transitoire glisse, pour arriver à l'expression totale. La syllabe muette appuie sa foiblesse sur le son précédent, qui en contracte plus de consistance. D'un autre côté, l'articulation, s'opérant plus ou moins difficilement, selon les parties de la bouche qui l'exécutent, communique à la voix, à qui elle s'associe, la modification qu'elle reçoit des lèvres, des dents, de la langue, du palais, du gosier, des différentes distributions de l'air ; mais la nature du son reste la même, au milieu de ces variations harmoniques. Si l'on vouloit noter toutes les petites nuances résultantes de la position du son, ou de l'articulation qui le frappe, on embrouilleroit par des détails minutieux une matière qu'une division raisonnable doit éclaircir. Il est impossible de tout peindre. Saisissons les nuances principales ; l'organe et le goût font le reste.

SOPHOS.

Il me semble que vous n'avez pas suivi le système prosodique ordinaire.

URBAIN.

J'use, en étudiant, d'un procédé qui me

paroît

paroît devoir tourner au profit de la science que je cultive; j'observe long-temps, avant de lire, pour que les idées d'autrui n'influencent pas les miennes; je lis, après avoir observé, pour comparer mes idées à celles d'autrui, et faire sortir de cette comparaison un résultat qui me satisfasse. Or, voici mes résultats prosodiques.

Les éléments prosodiques se divisent en voix et en articulations. Il y a trois sortes de voix : les unes suivent une ligne *ascendante*, et sont susceptibles d'aiguité et de gravité, tels sont *a*, *e* et *o*; les autres suivent une ligne *latérale*, et sont susceptibles de prolongement et de brièveté, tels sont *i*, *u*, *eu*, *ou*; les troisièmes, nommées nasales, reçoivent du nez une légère modification, et c'est le seul accident remarquable qu'elles offrent.

Voix à ligne ascendante: a aigu, à grave; o aigu, ò grave; é aigu, è grave, ê moyen.

La voix aiguë s'exécute par une simple ouverture de la bouche; la voix grave, par une grande ouverture; la voix moyenne, en observant un juste milieu.

$$a \overset{\text{à}}{} , o \, \grave{o} , \acute{e} \, \overset{\text{ê}}{}$$

Voix à ligne latérale. i bref, í long ; u bref, ú long ; *eu* bref, *eú* long ; *ou* bref, *oú* long.

La voix brève s'exécute, comme la voix aiguë, par une simple ouverture de la bouche ; la voix longue, par la répétition de la voix : gîte, flûte, se prononcent *giite*, *fluute*.

Dans les voix à ligne latérale, les sons se mettent, pour ainsi dire, à côté l'un de l'autre. Dans les voix à ligne ascendante, un son s'élève au-dessus d'un autre son.

Une seule voix de la classe ascendante est susceptible de prolongement, c'est l'*e* aigu ; cet *é* est long dans *lésion*, *réseau* : on prononce *léésion*, *rééseau*.

L'*e* muet n'est qu'une demi-voix.

Ces observations sont neuves, et peut-être ne sont elles pas moins justes. D'Olivet et ses copistes ont calqué notre prosodie sur la prosodie latine ; moi, j'ai cru la devoir calquer sur la nature des sons françois.

SOPHOS.

Peut-on espérer que cette méthode propagera dans les divers départements la saine prononciation de Paris, que le véritable accent françois remplacera ce qu'on appeloit l'accent provincial ?

URBAIN.

Nul doute que dans un terrein convenable et bien préparé, le grain qu'on recueille ne soit de la même nature que celui qu'on a semé. Chaque peuple, chaque portion de peuple a, dans l'organe de la parole, des sillons tracés par un long usage ; le sillon anglois abonde en dactyles ; l'italien en cantillations. Aux bouches du Rhône, le sillon de la palatale *r* est dans le gosier ; le sillon prosodique, presque toujours l'inverse du sillon de Paris. Rompons les sillons des dialectes féodaux, et traçons avec courage ceux où doit fleurir la prononciation pure de la langue de la liberté. L'abolition des jargons est la première façon qu'il faut donner au champ de la parole ; la seconde, je la donne dans cet ouvrage. Tout est noté, il n'y a qu'à lire. Sans doute, des gosiers rendus inflexibles, devenus d'airain par l'habitude d'un demi-siècle, ne se plieront pas à toutes les nuances prosodiques ; mais l'homme studieux, mais l'adolescent avide d'apprendre, mais l'enfant aux fibres souples, répèteront par-tout les notes musicales de la langue, comme on rend, sous les différentes zones de la France, les notes de la musique ordinaire. Le gouvernement n'a qu'à vouloir d'une vo-

lonté active, éclairée, constante, et dans peu,
les rives de la Garonne ou du Var seront frap-
pées des mêmes sons que les bords de la Seine.
Le sage législateur a dit : il n'y a plus de provinces ; l'homme instruit dans sa langue dira :
il n'y a plus d'accent gascon.

SOPHOS.

En fixant la prononciation actuelle, ne lui
assignez vous pas des limites ? et notre langue,
en révolution comme notre gouvernement,
notre langue, qui a tant acquis du côté de la
néologie, ne peut-elle pas devenir plus féconde en nuances prosodiques ?

URBAIN.

Je ne prétends pas fixer la prononciation,
la déclarer tellement invariable dans tous ses
points qu'elle ne puisse plus rien acquérir.
Ma tâche est de déterminer, de noter la prononciation actuelle. Je dis aux citoyens de
tous les départements : voilà comme prononcent les amateurs de notre langue dans la
grande commune où le concours de toutes les
lumières a placé l'atticisme françois. Je dis à
la postérité : voilà comme on prononçoit à
Paris, au commencement de l'ère républicaine.
Il seroit insensé celui qui voudroit poser les

limités de la prononciation de l'idiome du peuple libre. Et, si l'écrivain, pressé par le besoin d'émettre une pensée qui n'a pas d'expression digne d'elle, a le droit d'en créer une, pourquoi l'orateur, pourquoi l'acteur, dans l'abandon de leur génie, ne frapperoient-ils pas de sons inentendus l'oreille charmée de les recevoir, intéressée à les perpétuer. Sous l'influence de la liberté, notre langue écrite peut revenir, jusqu'à un certain point, à l'inversion, qui est la marche naturelle du sentiment ; notre langue parlée, s'élever, par l'admission de sons éclatants, à une prononciation digne de la tribune et de la scène d'une grande république.

S o p h o s.

Vous avez levé tous mes scrupules, et l'utilité de votre ouvrage me paroît démontrée sous votre point de vue principal : LA PRONONCIATION. Mais il me reste quelques objections à faire sur le second *objet* que vous paroissez vous proposer : *le changement total de notre orthographe.*

U r b a i n.

Que ma prononciation notée trouve grace dès-à-présent auprès des bons esprits, qu'elle soit dès-à-présent utile à mes concitoyens, je suis bien payé de mes soins ; j'attendrai que le temps mûrisse la moisson de ma révolution orthographique.

SOPHOS.

D'abord, j'avoue qu'une orthographe qui seroit l'image fidèle de la prononciation auroit de nombreux avantages : plus de larmes dans l'élève, plus d'impatience dans l'instituteur, plus de voile pour la prononciation, plus de mensonges dans l'orthographe; une instruction rapide et sûre, la perfection orthographique par la seule connoissance de l'alphabet, et, ce qui n'est pas indifférent, une double économie de papier et de temps, par la suppression d'un bon tiers des lettres; une espèce de tachigraphie dont tout le monde auroit la clé. Mais, dans votre système, la plupart de nos mots à consonne finale s'écrivent de deux manières : avec la consonne, devant une voyelle ; sans consonne, devant une consonne.

Vous écrivez,

Mèz amiz ot u bòcup a sufrir.

Et

Mè mélerz ami n'o pà bòcu sufèr.

Où l'on voit devant la voyelle,

    Mèz, amiz, ot, bòcup,

Et devant la consonne,

    Mè, ami, o, bòcu.

Ces lettres que tantôt on met, et tantôt on omet, n'embarrasseront-elles pas l'orthographiste ?

URBAIN.

Nullement ; l'oreille conduira la main. Dans un système orthographique fondé sur la raison, nul caractère ne doit être parasite. A quoi bon avoir deux langues, quand une seule suffit ? les Grecs et les Romains n'en avoient qu'une.

SOPHOS.

Mais, telle lettre rejetée par la prononciation, est appelée par les vues de l'esprit. Le *s* final d'*hommes* dans *les hommes*, ne se prononce pas, et cependant il a un emploi, il marque le pluriel.

URBAIN.

Quand je prononce *les hommes*, quel nombre considère l'esprit ?

SOPHOS.

Évidemment le pluriel.

Hé bien, quand j'écrirai *lèz ome*, l'esprit considèrera le pluriel. Et admirez ici le soin qu'a pris le génie des langues, pour que rien ne soit confondu, pour que la vue de l'esprit soit remplie. Le singulier exige une prononciation muette ; le pluriel, une prononciation ouverte :

Le sitoaie, lè sitoaie.

La pluralité ne se fait-elle pas sentir dans le mot ? elle est signalée dans les mots correspondants, comme on vient de le voir. N'est-elle désignée matériellement ni dans le mot, ni dans ses correspondants ? le sens ne laisse aucun doute, comme dans cette phrase :

afa, vièlar, rien ne fut épargué.

L'esprit voit clairement un grand nombre d'*enfants*, un grand nombre de *vieillards*, indépendamment de tout caractère qui l'indique.

Et, n'y a-t-il pas des exemples semblables dans notre langue et dans toutes les langues, pour d'autres vues de l'esprit ? *aimable*, *honnête*, *tranquille*, *dix*, *vingt*, *cent*, etc. s'emploient au masculin et au féminin, sans le moindre inconvénient. *Victi angli*, est au génitif

génitif singulier, au nominatif et au vocatif pluriel ; *victorum* signifie *des vaincus* et des *vainqueurs*, sans qu'on les confonde. Qu'importe, après tout, le matériel de chaque mot, pourvu que l'ensemble présente un sens clair ? Suffit-il de lire avec les yeux du corps ? il faut lire sur-tout avec ceux de l'esprit. — Plus de variété, dit-on, annonceroit plus de richesse. — Cela est possible ; mais les langues sont ainsi faites, et ne faut-il pas jeter au feu Cicéron et Virgile, l'auteur du contrat social et le père de Brutus, parce que, violant quelques vues de l'esprit pour se conformer au génie de leur langue, ils n'ont pas laissé d'être clairs et éloquents ? De deux choses l'une : ou qu'on prononce,

Les champs sont féconds,

D'après l'écriture, ou qu'on écrive,

Lè ja so féco,

D'après la prononciation. Le principe est posé, il est incontestable : AUTANT DE SIGNES QUE DE SONS, NI PLUS NI MOINS. Mais nous ne sommes pas assez hardis pour tirer une conséquence juste d'un principe évident. Nous dévions toujours, et ne prenons enfin le sentier de la vérité, qu'après nous être fatigués dans les cent routes tortueuses de l'erreur.

SOPHOS.

Et dans le cas où quelque doute s'élevera sur la prononciation ?

URBAIN.

Les doutes seront levés par les dictionnaires écrits ; par les instituteurs, dictionnaires vivants.

SOPHOS.

Dans le nouveau système, il sera nécessaire de bien marquer les accents, et l'on connoît sur ce point la négligence de ceux qui écrivent.

URBAIN.

Certes, on n'ira pas renoncer à une réforme d'une utilité générale, dans la crainte que des mains paresseuses n'omettent quelques accents qui font partie essentielle du signe. Et puis, ne lisons-nous pas, sinon avec plaisir, du moins sans une extrême difficulté, des *a*, des *e* sans accent, de *i* sans point ? Il en sera de même, et l'attention du lecteur suppléera à la négligence du scribe. J'avoue pourtant qu'il vaudroit mieux avoir quarante signes, pour les quarante choses signifiées. L'œil en seroit plus flatté, et la main, ne se détour-

nant point, courroit plus rapidement. Mais
déjà trop de hardiesse marque notre entre-
prise; un plan absolument neuf offriroit des
difficultés qui feroient avorter la réforme.

SOPHOS.

J'épuise les objections, afin qu'une fois bien
convaincu par vos réponses de la solidité du
nouveau système, je puisse en devenir le pro-
pagateur. La poésie ne perdroit-elle pas à la
nouvelle orthographe?

URBAIN.

Elle y gagneroit. La rime seroit tout-à-la-fois
pour l'oreille et pour l'œil. On ne verroit plus
une rime admise par un sens et rejetée par
l'autre. La vue et l'ouie, toujours d'accord,
offriroient et des rimes plus exactes et un plus
grand nombre de consonnances. L'oreille approuve ces rimes :

Les flots, les chalumeaux; l'univers, les airs;

L'œil les approuveroit comme l'oreille :

Lè flò, lè jalumò; l'univèr, lèz èr.

Les lettres qu'on ne prononce pas ne feroient
plus obstacle à la rime, dans un système où
l'on n'écriroit que ce qui se prononce; *effort*
rimeroit avec *essor*; *esprit*, avec *souris*; *ma-*

G 2

man, avec *rang*; les *hommes*, avec *Rome*; puisqu'on écriroit, d'après la prononciation :

éfor, èsor ; èspri, suri ; mama, ra ; lèz ome, Rome.

La mesure, à son tour, auroit plus de latitude. Je n'en citerai qu'un exemple : cette maxime si juste qui devroit être gravée dans le cœur de tous ceux qui nomment aux emplois :

L'art de placer les hommes est l'art de gouverner.

Cette maxime reste obscurément dans la prose, en suivant notre orthographe. La nouvelle, par le retranchement d'un *s* inutile, l'élève au rang des sentences poétiques :

L'ar de plasé lèz ome è l'ar de guverné.

Tout, comme on voit, concourt à multiplier les cadres propres à recevoir les couleurs du poète. Il restera toujours assez de gêne, pour que les beautés jaillissent des obstacles ; il n'en restera pas assez pour enchaîner l'essor d'une pensée forte ou d'une image hardie.

Je dis plus : les vers de Racine, de Boileau, si bien prosodiés, feroient éprouver à l'œil tout le charme que produit le mélange savant des sons, longs ou brefs, aigus ou graves, foibles ou éclatants. Notre orthographe est aux combi-

naisons prosodiques ce que la bure grossière
est aux formes d'une belle femme, elle les
dérobe ; une gaze légère en dessineroit tous
les contours.

Mais je vois venir à moi un homme vêtu
de lambeaux grecs, romains, celtes. C'est
Étymole. Sophos, demeurez ; soyez témoin
du cartel qu'il vient me présenter.

S o p h o s.

Je connois le personnage ; il est suivi de
Routinet, qui n'a jamais fait usage de sa raison, et d'Orbilius, la terreur de la jeunesse
confiée à ses soins.

E t y m o l e.

Tenons ferme, mes amis ; ne souffrons
pas de pareilles innovations. Orbilius, fronce
ce sourcil qui imprime l'effroi ; toi, Routinet,
montre ce sang-froid qui déconcerte tous les
raisonnements, tandis que moi j'accablerai
notre ennemi de mes citations, latines et grec-
ques. S'il a pour lui la raison, nous avons pour
nous l'académie.

U r b a i n.

A ce costume celto-gréco-romain, je reconnois Étymole.

É T Y M O L E.

Oui, Étymole furieux contre vous. Quoi !
sans respect pour l'étymologie, vous retran-
chez le *h* d'*homme*, d'*honneur* ! vous laissez
sans emploi le *q*, qui nous vient du Latium ;
le *ph*, qui nous vient de la Grèce ; le *k*, qui
nous vient.... qui nous vient.... C'est vraiment un scandale, et je m'inscris en faux
contre un système irrespectueux envers l'antiquité !

U R B A I N.

Étymole ; je pourrois vous répondre : je ne
change rien à l'orthographe reçue ; je note
seulement la prononciation. Si je l'ai bien notée, si j'ai marqué l'intonation exacte de
chaque syllabe, j'ai rempli mon but, j'ai rendu
un grand service à l'indigène, à l'étranger, à
celui qui ne sait rien, à celui qui ne sait pas
tout. Mais, supposons que mon but principal
ait été, non de prosodier à l'œil notre langue
parlée, mais de présenter un plan de réforme
orthographique ; croyez-vous que j'aie dû être
arrêté par l'étymologie ? Écrivons-nous pour
que les Grecs et les Romains, qui ne sont
plus, reconnoissent dans nos mots quelques
vestiges des leurs ? ou pour retracer à des yeux

françois des sons qui frappent les oreilles fran-
çoises ?

Il est une étymologie utile, celle qui nous
sert de fanal dans la recherche du vrai sens
des mots, et qui, sur la route des définitions,
nous fait trouver des connoissances précieuses
en histoire et en philosophie. C'est une mine
féconde que fouille depuis dix-huit ans un savant aimable, CHARLES POUGENS, et que
peuvent exploiter avec succès Louis Verdure (1) et Julien Duhamel, si l'on en juge
par quelques échantillons où brille l'esprit d'a-
nalyse.

Il est une étymologie inutile, dangereuse,
déformatrice de l'esprit ; c'est celle qui, nous
faisant écrire dans notre langue des lettres
qu'on prononçoit, il y a deux ou trois siècles,
dans un autre, met en perpétuelle contradiction deux choses faites essentiellement pour
être d'accord : le caractère et le son, le signe
et la chose signifiée. Ce vice radical me dis-
pense de détailler les autres vices dont est in-
festée l'orthographe étymologique, et que

_____

(1) Louis Verdure, ancien principal au collège du Blanc, grammairien philosophe, correspondant de ce journal, et digne de l'être
de l'institut national des sciences, a été consulté avec fruit sur le
nouvel alphabet.

Dewailly a combattus victorieusement, dans
sa grammaire des dames, avec les armes puissantes de la raison qui discute, avec les armes
non moins puissantes de la raison qui badine.

SOPHOS.

Les Italiens ont facilité l'étude de leur langue, en secouant le joug de l'étymologie ; ils
ont préféré l'avantage d'être raisonnables à
l'honneur de paroître savants.

ÉTYMOLE.

Quoi ! quand mon jardinier et mon tailleur
sauront bien prononcer notre langue, ils sauront l'orthographier aussi bien que moi, qui
sais le latin et le grec !

URBAIN.

Sans doute, et la raison politique le commande aussi impérieusement que la raison
grammaticale. A peine, dans toute la république, dix mille personnes ont le loisir et la
curiosité d'étudier les langues savantes, et les
besoins domestiques, les emplois civils exigent
de vingt cinq millions de citoyens la connoissance de la langue nationale. Sommes-nous
donc à la Chine, où l'alphabet, inaccessible
au peuple par son extrême complication, n'est
su que des mandarins, qui abusent de leurs
connoissances

connoissances, pour perpétuer l'erreur et l'esclavage? La langue du peuple est pour tout le peuple, et plus elle convient au grand nombre, plus elle doit être facile. Mettez dans la balance votre amour-propre et l'intérêt de tous, vingt-cinq partisans de l'étymologie collégiale et vingt-cinq millions d'hommes.

ETYMOLE (*à part*)

Je suis convaincu, mais je ne l'avouerai pas.

ROUTINET.

Pour moi, je vous abandonne l'étymologie, le grec, le latin, et cependant je tiens opiniâtrément à l'orthographe actuelle. J'orthographie aujourd'hui, comme j'ai orthographié hier, comme me l'a appris mon maître, qui certes, depuis, est devenu docteur de Sorbonne.

URBAIN.

Et qui, depuis, ne l'est plus.

ROUTINET.

Ce qu'on a toujours fait, il faut toujours le faire; la vérité est ancienne, mes amis, la vérité est ancienne.

SOPHOS.

Oui, la vérité est ancienne; elle existoit

Journ. de la L. Fr. 2ᵉ partie. 8ᵉ décade. H

avant les temps ; mais il y a de nouveau l'application ou la découverte. Qui peut renoncer à la découvrir ou à l'appliquer? L'erreur aussi est ancienne, et son ancienneté est un motif de plus pour se hâter de la proscrire. La vérité mène à sa suite le doute philosophique, l'analyse scrutatrice, la raison aux cent yeux. Le cortège de l'erreur est la crédulité stupide, le préjugé indolent, la routine aveugle. Qui chérit la routine outrage la raison. La routine littéraire perpétue l'ignorance ; la routine politique eût perpétué l'esclavage. La perfectibilité de l'homme est la seule qualité peut-être qui le distingue des autres animaux. La chimie a changé sa nomenclature, et cette science a ouvert ses trésors à tout le monde. La grammaire changera la sienne, et, devenant un cours de logique populaire, elle donnera de la rectitude à tous les esprits. Notre orthographe, dépouillée du fatras étymologique, et, pour ainsi dire, mise à nu, non-seulement sera facilement saisie par tous les françois, qui en ont tous besoin, mais encor, et ceci est d'une politique profonde, elle portera la langue des sciences et de la liberté dans tous les points de l'Europe, forcée d'admirer et de chérir un peuple libre.

Il faut, dit-on, faire aujourd'hui ce qu'on a fait hier. Quoi ! parce que nous avions des bastilles, le 13 juillet, falloit-il ne pas les renverser le 14? parce que, le 8 thermidor, l'innocence étoit égorgée par un tyran farouche, falloit-il, le 9, de peur de changement, gémir, comme la veille, sous un sceptre sanglant? En politique, en littérature, en toute chose, allons du mal au bien, du bien au mieux, ne nous reposons que dans la perfection. Changer ainsi, c'est être constant dans la recherche de la vérité et du bonheur. Partisans de la routine, vous avez encor plus d'attrait pour la paresse que de respect pour l'antiquité. J'ai hérité de mes pères un champ inculte, et, pour ne rien changer à l'aspect qu'il présente, ou pour m'épargner de la peine, je le dévouerois à la stérilité ! Non, je déchire en suant le sein de la terre, je plante un bel arbre, le temps vole, et m'amène le jour où je mange son fruit sous son ombrage.

R O U T I N E T.

Hé bien, Étymole !

É T Y M O L E.

Hé bien, Routinet !

H 2

ROUTINET.

Monsieur le grec, je vous vois au bout de votre latin.

ETYMOLE.

Vous voilà dérouté, monsieur de la....

ORBILIUS.

J'enrage.... Peut-on rire en si grave sujet?

ROUTINET.

Il n'y a pas moyen d'y tenir, la révolution est un torrent qui entraîne et noie tous les préjugés. Un seul scrupule m'arrête. Nos livres, nos chef-d'œuvres sont imprimés avec l'orthographe vicieuse qu'il s'agit de réformer ; faudra-t-il les abandonner?

URBAIN.

Non, sans doute ; les nouvelles éditions pourront se faire sur le modèle que je donne, en deux pages en regard, dont la seconde, marquant la prononciation, joint à l'avantage d'universaliser la prononciation de Paris, celui d'accoutumer l'œil et la main à l'orthographe de la raison. Peu-à-peu l'antique abus sera extirpé, et enfin tous les livres étant imprimés avec des signes irréfragables, tous les discours étant soumis à une prosodie exacte, on apprendra facilement la prononciation par l'or-

thographe, et l'orthographe, par la prononciation.

Quant aux livres anciens dont les éditions
ne se renouvelleront pas, l'ancien alphabet en
donnera la clé au petit nombre d'hommes qui
voudront les lire. Ils apprendront le ci-devant
alphabet, comme quelques-uns apprennent
l'alphabet grec ou allemand. Il importe peu
que quelques curieux éprouvent des difficultés; il importe beaucoup qu'une grande nation
les voie toutes s'aplanir devant elle.

Au reste que les hommes à préjugés ne s'a-
larment pas; la réforme orthographique n'aura
pas lieu, de leur vivant. L'erreur lève, dès sa
naissance, une tête colossale; il faut des siècles
pour faire grandir la vérité.

ORBILIUS,

(qui n'a pas entendu les deux dernières phrases.)

J'étouffe..... Mais s'il devient si facile d'apprendre l'orthographe, je ne pourrai donc
point, au défaut du fouet, de la férule que le
corps législatif vient d'arracher de mes mains,
faire tonner ma voix magistrale contre l'oubli
d'un accent que rejette la nature des accents,
contre l'omission d'un signe que proscrit l'institution des signes! Je suis Orbilius, je descends,

à travers les siècles, de l'Orbilius romain, dont
Horace a vanté le sourcil hérissé, la férule
redoutable, et je verrai l'antique honneur d'une
longue suite d'aïeux flétri par cette innova-
tion! Ah! puisqu'on supprime les châtiments
et les fautes orthographiques qui les font donner, qu'on supprime aussi les maîtres qui les
donnent.

URBAIN.

Ils seront supprimés ces maîtres dont la
main frappe, au lieu de caresser; dont la voix
effraie, au lieu d'instruire. Les écoles nationales, j'en jure par la liberté, mère de toutes
les vertus et de tous les talents, seront hono-
rablement gouvernées par des hommes de
lettres, par des sages, qui, sans s'arrêter à des
minuties grammaticales, donneront des idées
justes par des définitions exactes, feront des
mots les vives images des choses; de leur ar-
rangement, un nouveau moyen d'énergie;
peindront la pensée républicaine avec des contours, des lumières plus larges, plus dignes
d'elle. La réforme orthographique n'est que
le premier pas vers la perfection de la langue
de la liberté. Mais, je ne saurois trop le dire,
pour que cette réforme soit pleine et solide,
appliquons-nous à la prononciation; que de

l'émission nette des mots, de l'observation
scrupuleuse des sons aigus, graves, moyens,
longs ou brefs, il résulte une sorte de musique
qui ouvre l'esprit aux idées du vrai, et l'ame,
aux impressions du beau.

S o p h o s.

Hé bien, puisque vous abandonnez au temps
le soin de faire éclorre la réforme orthographique, je ne vous dirai plus qu'un mot sur la
prononciation notée.

Je croyois toutes les objections épuisées. Il
s'en présente une que je crois insoluble ; je
crains bien que votre ouvrage ne puisse être
utile que partiellement. Des charlatans di-
ront : avec mon livre, on n'a pas besoin de
maître. Mais vous, Urbain, vous conviendrez
franchement qu'un livre est un maître muet,
sinon pour l'homme studieux et attentif, du
moins pour la multitude insouciante et dis-
traite ; il faudroit, pour universaliser la prononciation de Paris, disséminer autant d'instituteurs parisiens qu'il y a de communes dans
la république.

U r b a i n.

Je sens toute la force de l'objection ; mais
est-il une seule difficulté que ne surmonte une
nation libre, éclairée, toute-puissante ?

Je l'avoue, *les rapports de l'écriture à la parole étant purement conventionnels, la connoissance de l'une ne donnera jamais celle de l'autre*, sans interprète. Le signe, muet par lui-même, reçoit la parole de la parole du maître. Aussi le langage de mes signes alphabétiques ne sera-t-il pas entendu de l'universalité des françois, si l'on ne répand d'habiles instituteurs de notre langue dans l'universalité de la France.

Les plus belles théories meurent, sans l'exécution, qui les vivifie. Voici les moyens que je propose, et je ne m'arrête pas à la prononciation seule, j'embrasse la langue tout entière. La vérité et le bonheur dépendent d'une langue bien faite et bien apprise; elle réfléchit la saine morale, la saine politique, les principes éternels de la logique et du goût.

J'établis d'abord à Paris une école régulatrice métropolitaine de langue françoise, avec un professeur désigné par l'opinion publique, pour que le choix ait l'assentiment général; deux adjoints nommés par le professeur, pour qu'il y ait unité de principes et de méthode; un conseil ou juri, composé de dix membres d'un talent distingué : deux métaphysiciens, deux grammairiens, deux poètes, deux prosateurs,

sateurs, deux acteurs hommes de lettres, pour
que tous les intérêts de la langue soient stipu-
lés. L'opinion publique dictera également ce
choix.

Le professeur métropolitain et ses deux adjoints formeront le professeur et les deux adjoints de chaque école régulatrice départementale.

Le conseil ou juri métropolitain, dont le
professeur et ses deux adjoints seront membres
nés, conférera aux élèves de l'école métropolitaine, d'après un examen qui ne laisse
aucun doute sur leur capacité, le pouvoir d'enseigner dans une école régulatrice de département. Le juri sera encor chargé de répondre
aux différentes questions qui lui seront pro-
posées sur la langue et sur la grammaire, de
composer ou de juger les inscriptions et les
chants patriotiques; d'indiquer au gouvernement les métaphysiciens, les grammairiens,
les poètes, les prosateurs, les acteurs dont il
faut encourager le talent, pour le faire servir
à l'affermissement et à la gloire de la république.

Secondement, j'établis dans chaque chef-
lieu de département une école régulatrice
départementale de langue françoise, ayant

son professeur, et celui-ci, ses adjoints, nommés, comme je l'ai dit, par le juri métropolitain, et consacrés à former les instituteurs des
écoles primaires, quant à la partie de la langue
nationale.

Chaque école régulatrice départementale
aura aussi son conseil ou juri, correspondant
avec le juri métropolitain, composé à-peu-
près des mêmes éléments, exerçant à-peu-
près les mêmes fonctions, chargé sur-tout de
conférer aux élèves de l'école départementale,
d'après un examen qui ne laisse aucun doute
sur leur capacité, le pouvoir d'enseigner la
langue françoise dans les écoles primaires.

.. Il est essentiel de n'organiser les écoles régulatrices départementales, et les écoles primaires, qu'à mesure qu'il y aura des hommes
capables de produire le bien qu'on se propose.
Gardons-nous de pallier le mal de l'ignorance;
il s'agit de l'extirper. Il importe moins d'avoir
une organisation prompte qu'une organisation
bien faite. L'instruction ne s'improvise pas;
elle est le fruit tardif de l'application et du
temps. Vous voulez élever un monument digne
de la liberté, et, vous hâtant avec précipita-
tion, vos mains arrondissent des colonnes de
carton, frêles jouets de la pluie et des vents;

c'est en bronze, c'est en un métal vainqueur des siècles, qu'il faut jeter les pyramides de l'instruction d'un peuple libre.

D'après ce plan, une lumière pure part du point central, diverge, et atteint de proche en proche les 89 points de la république, d'où, distribuée à mesure dans les différents arrondissements, elle parvient enfin à chaque citoyen.

Que chaque partie principale des connoissances humaines ait ses écoles régulatrices et ses juris formés sur le même modèle, avec les modifications que les choses commandent, et nous verrons dans toute la république l'homme libre aller à la vertu par la science, et au bonheur, par la vertu.

S o p h o s.

Je serois d'avis que, pour ne pas faire un double emploi d'hommes, les instituteurs de langue françoise des premières écoles fussent chargés de l'enseignement des connoissances élémentaires, dont ils auroient puisé le mode dans les écoles départementales, qui le tiendroient elles mêmes de l'école du centre, afin que dans tous les rayons de la circonférence, l'enseignement de toutes les connoissances

I 2

réunît la solidité des principes et l'unité de méthode.

URBAIN.

Sauf le droit du génie, qui ne reconnoît de route que celle qu'il s'ouvre lui-même.

Je voudrois aussi que les instituteurs de langue françoise fussent les lecteurs nés, dans les réunions civiques, des papiers-nouvelles envoyés officiellement pour former l'esprit public. Un mauvais lecteur déforme tout ce qu'il lit ; un bon lecteur atteint au double but qu'on se propose dans les lectures publiques, d'éclairer l'esprit et d'échauffer le cœur.

Un troisième but se présente ici, c'est d'offrir le modèle de la saine prononciation, et d'inspirer aux hommes libres la volonté ferme de bien articuler la langue de la liberté. Je reviens toujours, comme vous voyez, à la prononciation, objet essentiel de mon petit ouvrage.

Tous les éléments de la prononciation sont consignés dans le nouvel alphabet ; le nouvel alphabet seroit affiché dans toutes les écoles, dans tous les lieux d'assemblée ; l'application que j'en fais à divers morceaux de prose et de vers seroit entre les mains de chaque instituteur ; tous les ouvrages envoyés par le

gouvernement aux écoles, aux autorités constituées , aux assemblées civiques , contien-
droient environ 15 lignes écrites d'abord avec
l'orthographe ordinaire, et vis-à-vis avec l'orthographe qui note la prononciation , soit pour
former tous les citoyens à une prononciation
uniforme, soit pour accoutumer l'œil à l'orthographe que doit peut-être un jour exécuter
la main.

Tous les citoyens seroient invités à trans-
crire ces deux colonnes, les élèves y seroient
tenus.

Je laisse au législateur les détails législatifs.
Mais une chose dont j'ai la conviction intime,
c'est que si le gouvernement mettoit quelque
intérêt à l'institution que je propose, la nation
entière, par le seul effet de la confiance qu'elle
a mise en lui, multipliant les efforts, accélé-
rant les succès , nous verrions notre langue
parlée, écrite, phrasée, pure dans toutes les
bouches, correcte dans toutes les mains, sans
tache dans tous les discours, offrir bientôt le
parfait modèle des langues, comme le peuple
françois doit devenir le parfait modèle des
peuples.

S O P H O S.

J'aime, Urbain, ce bel enthousiasme pour

la langue nationale. Il me reste une question
à vous faire. Le professeur et le juri de l'école
centrale seront, dites-vous, désignés par l'o-
pinion publique ; mais comment s'assurer
qu'on l'a bien interrogée ?

URBAIN.

L'opinion publique ne peut avoir d'interprète qu'elle-même. Un homme, plusieurs
hommes peuvent se tromper. Une fausse apparence de supériorité, l'intrigue, des affections particulières, la prévention, peuvent
surprendre un petit nombre d'électeurs, et
écarter de l'enseignement métropolitain, ré-
gulateur de l'enseignement de toute la république, l'homme modeste et supérieur qui
n'intrigue que par ses ouvrages.

Et comme l'opinion publique sur un objet
se forme des opinions individuelles, il ne faut
recueillir que l'avis de ceux à qui il n'est pas
étranger ; car les autres n'ont pas d'opinion.
L'ÉLECTION PAR LES PAIRS est celle que j'in-
voque. C'est la seule bonne, parce que c'est
la seule véritablement éclairée. Pour avoir
droit d'élire, il faut connoître et la fonction
à remplir, et les hommes qui peuvent la remplir dignement.

Tous les dix ans, sans assemblée aucune, de leur cabinet, les métaphysiciens, les grammairiens, les poètes, les prosateurs, les acteurs inscrits dans la liste imprimée des pairs, enverroient leur vote à une commission nommée par le gouvernement; laquelle proclameroit alors véritablement le choix de l'opinion publique.

Point d'assemblée pour le suffrage, afin d'obvier à l'intrigue; suffrage décennal, pour confirmer ou réformer les choix. Ce dernier point est très-important; c'est un moyen sûr d'étouffer à jamais le despotisme littéraire, et de recevoir toujours la lumière de ceux qui la transmettent la plus pure.

Orbilius.

Tout cela est fort beau; mais je crois, monsieur le réformateur, que votre magnifique institution s'en ira à vau-l'eau. On reviendra certainement à la particule *on*. Et, songez-vous qu'en donnant seulement mille francs à chaque instituteur, vous allez ruiner nos finances?

Urbain.

Mille francs! à ce prix, nous aurions des maîtres d'école, et il nous faut des institu-

teurs. L'instruction et la bonne instruction
est une dette sacrée de l'état envers tous. Si
l'on paye mal les instituteurs, on n'aura pas
de bons instituteurs. L'homme de lettres, re-
nonçant, par état et par goût, aux professions
lucratives, doit trouver dans la sienne les
moyens d'une existence aisée pour lui et pour
sa famille, qui est une extension de lui-même.
Mal payer, quand on a besoin d'être bien servi,
c'est une injustice et une fausse économie. Au
reste, la république est riche de son propre
fonds, de l'amour de ses enfants, de la dé-
pouille de ses ennemis ; le gouvernement est
juste, éclairé ; on veut une instruction publique digne de notre régénération, on voudra
aussi les moyens d'y parvenir.

Un de nos législateurs, Romme, qui a donné
un beau plan d'instruction publique, auquel
il ne manquoit que des hommes qui pussent
l'exécuter, en votant la chute du trône, vota
pour les écoles régénératrices de l'esprit humain, les 3o millions qui le corrompoient.

Qu'on joigne à cette somme les 27 millions
dont s'engraissoient les abbayes, tout l'argent
enfoui dans la poussière stérile des séminaires
et des collèges ; que tous les ruisseaux, dont
le cours déréglé étoit funeste aux moissons
de

de la liberté, apprenant à couler d'une manière utile, se réunissent pour former un Pactole, tributaire du Permesse, et l'on verra partout germer, croître et se développer le génie, le goût, la vertu, le bonheur individuel et la prospérité publique. Le colon, dont la main avare retient le grain que réclame le sillon, ne recueille pas l'épi libéral qui rend neuf fois la semence. Sages dispensateurs des trésors de la nation, vous savez qu'une économie mal entendue est une avarice funeste; qu'il n'y a d'argent mal employé que par ceux qui consomment sans reproduire; que l'argent consacré aux sciences et aux arts, source d'industrie, d'aisance et de richesse, aimant puissant de l'argent étranger, est placé à la plus haute comme à la plus noble usure, et que tout ce que vous ferez pour l'éducation n'est rien au prix de ce que le peuple, à qui vous devez le bonheur, recevra de ses bienfaits.

E T Y M O L E.

Je trouve ce projet fort beau, mais....

R O U T I N E T.

Fort utile; mais.....

O R B I L I U S.

Nécessaire, si l'on veut; mais....

Journ. de la L. Fr. 2e partie. 10e décade.   K.

URBAIN.

Je vous entends; vous craignez de n'être pas employés dans cette belle institution, et vous répugnez à une réforme qui serviroit la chose publique, sans vous être directement utile à vous-mêmes. Citoyens, laissons l'égoïsme aux esclaves; le républicain voit dans l'intérêt de tous, ou son propre intérêt, ou un dédommagement digne de lui. Si vous ne vous sentez pas assez de force, pour purger votre ame de la rouille des préjugés, allez la purifier au feu du canon. Un bon soldat sert sa patrie, un mauvais instituteur tend à la dégrader. Partez, les lauriers de Fleurus vous attendent à Londres ou à Lahaie.

Pour vous, Sophos, dont la raison est perfectionnée par la méditation, dont l'esprit juste est enrichi de connoissances par l'étude, vous ferez la guerre à un ennemi plus redoutable que la ligue des tyrans, à l'erreur. (*En souriant.*) Je vous désigne pour l'un des membres du juri métropolitain.

SOPHOS.

Vous me l'avez dit souvent, Urbain, et je pense comme vous; général ou soldat, tous les emplois sont égaux pour l'homme libre;

le seul supérieur est celui qui remplit le mieux son devoir. (*Souriant à son tour.*) Mais le sourire dont vous avez accompagné ma nomination manifeste votre doute sur l'exécution de votre projet. Cependant, je vous félicite, vous déposez une grande idée dans le sillon du temps ; l'haleine d'un zéphir bienfaisant pourra un jour la féconder et en développer le germe.

URBAIN.

Quoi qu'il arrive, j'ai fait mon devoir dans cette partie élémentaire de la langue, je le ferai dans les parties transcendantes. J'ai reçu ma mission de mon goût, de mon patriotisme; toute mon ambition se borne à la remplir ; et, si mon alphabet que je crois propre à universaliser la prononciation du goût, à préparer le triomphe de l'orthographe de la raison, obtenoit quelque faveur, nulle gloire n'effaceroit la mienne, et l'auteur d'un A B C marcheroit superbement l'égal de l'auteur d'un gros livre.

Je passe au deuxième essai de la prononciation notée.

K 2

E X T R A I T

DES VOYAGES DU JEUNE ANACHARSIS.

Aprés avoir assisté aux exercices des jeunes gens, et passé quelques moments dans des salles où l'on agitoit des questions tour-à-tour importantes et frivoles, nous prîmes le chemin qui conduit du lycée à l'académie, le long des murs de la ville. Nous avions à peine fait quelques pas, que nous trouvâmes un vieillard vénérable, qu'Apollodore me parut bien aise de voir. Après les premiers compliments, il lui demanda où il alloit. Le vieillard répondit d'une voix grêle : je vais dîner chez Platon avec Ephore et Théopompe, qui m'attendent à la porte Dipyle. — C'est justement notre chemin, reprit Apollodore ; nous aurons le plaisir de vous accompagner. Mais, dites-moi, vous aimez donc toujours Platon ? — Autant que je me flatte d'en être aimé. Notre liaison, formée dès notre enfance, ne s'est point altérée depuis. Il s'en est souvenu dans un de ses dialogues, où Socrate, qu'il introduit comme interlocuteur, parle de moi en termes très-honorables. — Cet hommage vous étoit dû. On se souvient qu'à la mort de Socrate, pendant que ses disciples effrayés prenoient la fuite, vous osâtes

EXTRAIT

DES VOYAGES DU JEUNE ANACHARSIS.

Aprèz avoar asisté òz egzérsise dè jęne ja, é pasé célce momą dą dè salez u l'on ajite dè céstio tur a tur eportatèz é frivole, nū prime le jemę ci codui du lisēe a l'académīe, le lọ dè mur de la vile. Nūz aviọz a pène fè célce pà, ce nū truvàmez ę viélar vénérable, c'Apollodòre mé paru bien èze de voar. Aprè lè premié coplimą, il lui demada u il alé. Le viélar répọdi d'une voà grèle : je vè dīné jé Plato avec Efòre é Téopope, ci m'atadet a la porte Dipyle. — S'è justema notre jemę, reprit Apollodòre; nūz òrọ le plèzir de vųz acopañé. Mè, dite-moa, vūz émé dọ tujur Plato? — òta ce ję me flate d'an ètre émé. Notre lièzọ, formēe dè notre afase, ne s'è poęt altérēe depui. Il s'an è sųvenu dèz ę de sè dialogę, ų Socrate, c'il ętrodui come ętérlocutęr, parle de moa a tèrme trèz-onorable. — Cet òmaje vūz été du; ọ se suvię c'a la mor de Socrate, padą oc sè disiplęz òfréié prenè la fuite, vūz òsàtè parètre an abi de dęl, da lè rūe d'Atène. Vūz avié doné, célcez ànēez òparava, un òtre ęgzàple de fèrmeté. Ca Téramène, proscri par lè trate tiraz a plę sòna, se ròfujia òprè do l'òtél, vū vų le-

paroître en habit de deuil, dans les rues d'Athènes.
Vous aviez donné, quelques années auparavant,
un autre exemple de fermeté. Quand Théramène,
proscrit par les trente tyrans en plein sénat, se
réfugia auprès de l'autel, vous vous levâtes pour
prendre sa défense ; et ne fallut-il pas que lui-
même vous priât de lui épargner la douleur de vous
voir mourir avec lui ? Le vieillard me parut ravi
de cet éloge. J'étois impatient de savoir son nom.
Apollodore se faisoit un plaisir de me le cacher.

Fils de Théodore, lui dit-il, n'êtes-vous pas de
même âge que Platon ? — J'ai six à sept ans de plus
que lui ; il ne doit être que dans sa 68e année.
— Vous paroissez vous bien porter. — A merveille ;
je suis sain de corps et d'esprit, autant qu'il est
possible de l'être. — On dit que vous êtes fort riche ?
— J'ai acquis par mes veilles de quoi remplir les
désirs d'un homme sage. Mon père avoit une fa-
brique d'instruments de musique. Il fut ruiné dans
la guerre du Péloponèse ; et, ne m'ayant laissé pour
héritage qu'une excellente éducation, je fus obligé
de vivre de mon talent, et de mettre à profit les
leçons que j'avois reçues de Gorgias, de Prodicus,
et des plus habiles orateurs de la Grèce. Je fis des
plaidoyers pour ceux qui n'étoient pas en état de
défendre eux-mêmes leurs causes. Un discours que
j'adressai à Nicoclès, roi de Chypre, m'attira de
sa part une gratification de 20 talents (108000 liv.)
J'ouvris des cours publics d'éloquence. Le nombre

vàte pur pradre sa défase ; é ne falut-il pà ce lui-
mème vū prià de lui éparñé la duler de vū voar
murir avéc lui ? Le viélar me paru ravi de cet éloje.
J'étèz epasia de savoar so no, Apollodòre se fézèt ē
plèzir de me le cajé.

Fiz de Téodòre, lui dit-il, n'éte-vū pà de mème
àje ce Plato ? — J'é siz a de plu ce lui ; il ne doat
ètre ce da sa soasate-uitième anēe. — Vū parèsé
vū bie porté. — A mérvéle ; je sui se de corz é
d'éspri, òta c'il è posible de l'ètre. — o di ce vūz
éte for rijè? — J'é aci par mè vèle decoa raplir lè
dèzir d'un ome-saje. Mo père avèt une fabrice d'es-
trumà de musice. Il fu ruiné da la gère du Pélopo-
nèze ; é, ne m'éia lèsé pur éritage c'une écsélate
éducàsio, je fuz oblijé de vivre de mo tala, et de
métre a profi lè leso ce j'avè resūe de Gorjiàz, de
Prodicuz, é dè pluz abilez orater de la Grése. Je
fi dè plèdoaié pur sē ci n'étè pàz an éta de défadre ler còze. ē discur ce j'adrésé a Nicoclèz, roa
de jipre, m'atira de sa par une gratificàsio de ve
tala. J'uvri dè cur public d'élocase. Le nobre de
mè disiple éiat ogmaté de jur a jur, j'é recēli le
frui d'ē traval ci a rapli tu lè moma de ma vīe.
— Covené purta ce, malgré la sévérité de vò mer,

de mes disciples ayant augmenté de jour en jour, j'ai recueilli le fruit d'un travail qui a rempli tous les moments de ma vie. — Convenez pourtant que, malgré la sévérité de vos mœurs, vous en avez consacré quelques-uns aux plaisirs. Vous eûtes autrefois la belle Métanire ; dans un âge plus avancé, vous retirâtes chez vous une courtisane non moins aimable. On disoit alors que vous saviez allier les maximes de la philosophie avec les raffinements de la volupté ; et l'on parloit de ce lit somptueux que vous aviez fait dresser, et de ces oreillers qui exhaloient une odeur si délicieuse. Le vieillard convenoit de ces faits en riant.

Apollodore continuoit : vous avez une famille aimable, une bonne santé, une fortune aisée, des disciples sans nombre, un nom que vous avez rendu célèbre, et des vertus qui vous placent parmi les plus honnêtes citoyens de cette ville ; avec tant d'avantages, vous devez être le plus heureux des Athéniens. — Hélas ! répondit le vieillard, je suis peut-être le plus malheureux des hommes. J'avois attaché mon bonheur à la considération ; mais, comme d'un côté l'on ne peut être considéré dans une démocratie, qu'en se mêlant des affaires publiques, et que d'un autre côté la nature ne m'a donné qu'une voix foible et une excessive timidité, il est arrivé que, très-capable de discerner les vrais intérêts de l'état, incapable de les défendre dans l'assemblée générale, j'ai toujours été violemment

vüz

vūz an avé cosacré cèlcez-ez ó plèzi. Vūz ūtez
òtrefòà la bèle Métanire ; daz un àje pluz avasé, vū
retiràte jé vūz une curtisàne no moez émable. o
disét alor ce vū saviéz alié lè macsime de la filòzo-
ifie avèc lè rafinema de la volupté, é l'o parlé de
se li soptuę ce vūz avié fè drésé, é de sèz orèlé ci
ęgzalèt une odęr si délisięse. Le vièlar covenè de
sè fèz, a rìa.

Apollodòre cotinue : vūz avéz une famile émable,
une bone saté, une fortune èzēe, dè disiple sa
nobre, ę no ce vūz avé radu sélèbre, é dè vèrtu
ci vū plase parmi lè pluz onète sitoaie de sète vile ;
avèc ta d'avataje, vū devéz ètre le pluz ęrę dèz
Aténie. — Elàz ! répodi le vièlar, je sui pęt-ètre
le plu malęrę dèz ome. J'avèz atajé mo bonęr a la
cosidéràsio ; mè, come d'ę còté l'o ne pęt ètre cosidéré daz une démocrasīe, c'a se mèla dèz afère
publice, é ce d'un òtre còté la nature ne m'a doné
c'une voà fèble é une écsésīve timidité, il èt arivé
ce, trè-capable de disérné lè vrèz ętérè de l'éta, ęca-
pable de lè défadre da l'asablēe jénérale, j'é tujurz été violama turmaté de l'abīsio é de l'eposibilité
d'ètre utile, u, si vū vulé, d'obtenir du crédi. Lèz
Aténie resoave gratuitema jé moa dè leso d'élocase ;

L

tourmenté de l'ambition et de l'impossibilité d'être
utile, ou, si vous voulez, d'obtenir du crédit. Les
Athéniens reçoivent gratuitement chez moi des leçons d'éloquence ; les étrangers, pour le prix de
mille drachmes. J'en donnerois un million à celui
qui me procureroit de la hardiesse avec un organe
sonore. — Vous avez réparé les torts de la nature ;
vous instruisez par vos écrits ce public à qui vous
ne pouvez adresser la parole, et qui ne sauroit vous
refuser son estime. — Et que me fait l'estime des
autres, si je ne puis pas y joindre la mienne ? Je
pousse quelquefois jusqu'au mépris la foible idée
que j'ai de mes talents. Quel fruit en ai-je retiré ?
Ai-je jamais obtenu les emplois, les magistratures,
les distinctions que je vois tous les jours accorder
à ces vils orateurs qui trahissent l'état ? Quoique
mon panégyrique d'Athènes ait fait rougir ceux
qui précédemment avoient traité le même sujet, et
découragé ceux qui voudroient le traiter aujour-
d'hui, j'ai toujours parlé de mes succès avec mo-
destie, ou plutôt avec humilité. J'ai des intentions
pures ; je n'ai jamais, par des écrits ou par des ac-
cusations, fait tort à personne, et j'ai des ennemis.
— Eh ! ne devez-vous pas racheter votre mérite par
quelques chagrins ? Vos ennemis sont plus à plaindre
que vous. Une voix importune les avertit sans cesse
que vous comptez parmi vos disciples, des rois,
des généraux, des hommes d'état, des historiens,
des écrivains dans tous les genres ; que de temps en

lèz étrajé, pur le pri de mile dragme. J'a donerèz
e milio a selui ci me procurerè de la ‹ardiése avéc
un organe sonòre. — Vūz avé réparé lè tor de la
natūre; vūz estruizé par vòz écri le public a ci vū
ne puvéz adrèsé la parole, et ci ne sòrè vū refuzé
son éstime. — E, ce me fè l'éstime dèz òtre, si je
ne pui pàz i joędre la miéne? Je puse célcefoà jus-
c'ò mépri la fèble idēe ce j'é de mè tala. Quèl fruit
an é-je retiré? ē-je jamèz obteuu lèz aploà, lè ma-
jistratūre, lè distęcsio ce je voà, tū lè jurz acordér
a sè vilz oratęr ci traise l'éta? Coace mo panéjirice
d'Atène è fè rugir sę ci présédamat avè trèté le
mème sujè, é décurajé sę ci vudrè le trétér òjur-
dui, j'é tujuř parlé de mè sucsèz avéc modestīe,
u plutòt avéc umilité. J'é dèz ętasio pūre; je n'é
jamè, par dèz écriz u par dèz acusàtio, fè tort a pérsone, é j'é dèz énemi. — E! ne devé-vū pà rajeté
votre mérite par célce jagre? Vòz énemi so pluz a
pledre ce vū. Une voàz eportune lèz avérti sa sèse
ce vū coté parmi vò disiple dè roà, dè jénérò, dèz
ome d'éta, dèz istorie, dèz écrive da tū lè jare;
ce de taz a taz, il sor de votre école dè colonīe
d'omez écléré, ci vot ò loe répadre votre doctrine;
ce vū guvérné la Grèse par vòz élève; é, pur me
sérvir de votre écsprèsio, ce vūz éte la pière ci
éguīse l'éstruma. — ui, mè séte pière ne cupe pà.

temps, il sort de votre école des colonies d'hommes
éclairés, qui vont au loin répandre votre doctrine ;
que vous gouvernez la Grèce par vos élèves ; et,
pour me servir de votre expression, que vous êtes
la pierre qui aiguise l'instrument. — Oui ; mais
cette pierre ne coupe pas.

Du moins, ajoutoit Apollodore, l'envie ne sauroit se dissimuler que vous avez hâté les progrès de
l'art oratoire. — Et c'est ce mérite qu'on veut aussi
m'enlever. Tous les jours, des sophistes audacieux,
des instituteurs ingrats, puisant dans mes écrits les
préceptes et les exemples, les distribuent à leurs
écoliers, et n'en sont que plus ardents à me déchirer. Ils s'exercent sur les sujets que j'ai traités. Ils
assemblent leurs partisans autour d'eux, et com-
parent leurs discours aux miens, qu'ils ont eu la
précaution d'altérer, et qu'ils ont la bassesse de dé-
figurer, en les lisant. Un tel acharnement me pénètre
de douleur. Mais j'aperçois Ephore et Théopompe.
Je vais les mener chez Platon, et je prends congé
de vous.

Dès qu'il fut parti, je me tournai bien vite vers
Apollodore. Quel est donc, lui dis-je, ce vieillard
si modeste avec tant d'amour-propre, et si malheureux avec tant de bonheur ? C'est, me dit-il,
Isocrate, chez qui nous devions passer à notre retour. Je l'ai engagé par mes questions à vous tracer les principaux traits de sa vie et de son caractère. Vous avez vu qu'il montra deux fois du cou-

Du moez, ajutèt Apollodore, l'avīe ne sòrè se disimulé ce vūz avé àté lè progrè de l'art oratoàre. — E s'è se mérite c'o vet òsi m'alevé. Tū lè jur, dè sofistez òdasiē, dèz estituterz egrà, puisa da mèz écri lè préséptez é lèz ègzaple, lè distribūet a lerz écolié, é n'a so ce pluz ardaz a me déjiré. I s'ègzèrse sur lè sujè ce j'é trèté. Iz asable ler partizaz òtur d'èz, é copàre ler discurz ò mie, c'iz ot u la précòsio d'altéré, é c'iz o la basése de défigurér, a lè lisa. Mè j'apèrsoàz Efòre é Téopope. Je vè lè mené jé Plato, é je pra cojé de vū.

Dè c'il fu parti, je me turné bie vīte vér Apollodòre. Cèl è do, lui dī-je, se vièlar si modéste avéc ta d'amur-propre, é si malerēz avéc ta de bòner? S'è, me dit-il, Izocrate, jé ci nū devio pàsér a notre retur. Je l'é agajé par mè cèstio a vū trasé lè presipò trè de sa vīe é de so caractère. Vūz avé vu c'il motra dē foà du curàje da sa jènése. Set éfor épuisa sa dute la vigér de son ame; car il a pàsé le rèste dè sè jur da la crete é da le jagre.

rage dans sa jeunesse. Cet effort épuisa sans doute la vigueur de son ame, car il a passé le reste de ses jours dans la crainte et dans le chagrin. L'aspect de la tribune, qu'il s'est sagement interdite, l'afflige si fort, qu'il n'assiste plus à l'assemblée générale. Il se croit entouré d'ennemis et d'envieux, parce que des auteurs qu'il méprise, jugent de ses écrits moins favorablement que lui. Sa destinée est de courir sans cesse après la gloire, et de ne jamais trouver le repos.

Malheureusement pour lui, ses ouvrages, remplis d'ailleurs de grandes beautés, fournissent des armes puissantes à la critique; son style est pur et coulant, plein de douceur et d'harmonie, quelquefois pompeux et magnifique ; mais quelquefois aussi traînant, diffus et surchargé d'ornements qui le déparent.

Son éloquence n'étoit pas propre aux discussions de la tribune et du barreau; elle s'attache plus à flatter l'oreille, qu'à émouvoir le cœur. On est souvent fâché de voir un auteur estimable s'abaisser à n'être qu'un écrivain sonore, réduire son art au seul mérite de l'élégance, asservir péniblement ses pensées aux mots, éviter le concours des voyelles avec une affectation puérile, n'avoir d'autre objet que d'arrondir des périodes, et d'autre ressource, pour en symétriser les membres, que de les remplir d'expressions oiseuses et de figures déplacées. Comme il ne diversifie pas assez les formes de son élocution, il finit par refroidir et dégoûter le lec-

L'aspèc de la tribune, c'il s'è sajemat etérdite, l'af-
flijè si for c'il n'asiste pluz a l'asablēe jénéralc. Il
se croat aturé d'énemiz é d'aviē, parse ce dèz òtęr
c'il méprîze jujé ce sèz écri moę favorablema ce
lui. Sa déstinēę è de curir sa sèse aprè la gloàre,
é de ne truvé jamè le repò.

Malęrēzema pur lui, sèz uvraje, rapli d'alęr de
grade bôtē, furnise dèz arme puisatez a la critice;
so stîle è pur é cula, plę de dusęr é d'armonïe,
cèlcefoà popęz' é mañifice, mè cèlcefoàz òsi trèna,
difuz é surjarjé d'ornema ci le dépàre.

Son élocase n'été pà propre ò discūsio de la tribune é du bàrò; éle s'ataje pluz a flaté l'orèle c'a
émūvoar le cęr. On è suva fajé de voar un òtęr èstimable s'abèsér a n'ètre c'un écrivę-sonòre, réduïre
son art ò sęl mérite de l'élégase, asèrvir péniblę-
ma sè pasēez ò mò, évité le cocur dè voaïéle avéc
une afectàsio puérile, n'avoar d'òtre objé ce d'à-
rodir dè période, é d'òtre resursę, pur a simétrizé
lè mabre, ce de lè raplir d'ecsprèsioz oàzęzez é de
figūre déplasēe. Come il ne diversifïe pàz asé lè
forme de son élocūsio, il fini par refroadir é dé-
gūté le lectęr. S'èt ę pętre ci done a tute sè figūre

teur. C'est un peintre qui donne à toutes ses figures
les mêmes vêtements et les mêmes attitudes.

La plupart de ses harangues roulent sur les ar-
ticles les plus importants de la morale et de la politique. Il ne persuade ni n'entraîne, parce qu'il
n'écrit point avec chaleur, et qu'il paroît plus oc-
cupé de son art que des vérités qu'il annonce. De
là vient peut-être que les souverains dont il s'est,
en quelque façon, constitué le législateur, ont ré-
pondu à ses avis par des récompenses. Il a composé
sur les devoirs des rois, un petit ouvrage qu'il fait
circuler de cour en cour. Denys, tyran de Syra-
cuse, le reçut. Il admira l'auteur, et lui pardonna
facilement des leçons qui ne portoient pas le remords
dans son ame.

Isocrate a vieilli, faisant, polissant, repolissant,
refaisant un très-petit nombre d'ouvrages. Son panégyrique d'Athènes lui coûta, dit-on, dix années
de travail.

Pendant le temps que dura cette laborieuse construction, il ne s'aperçut pas qu'il élevoit son édifice sur des fondements qui devoient en entraîner
la ruine. Il pose pour principe, que le propre de
l'éloquence est d'agrandir les petites choses, et d'a-
petisser les grandes; et il tâche de montrer ensuite
que les Athéniens ont rendu plus de services à la
Grèce que les Lacédémoniens, etc.

lè mème vètemaz é lè mèmez attitude.

La plupar de sè tarage rule sur lèz article lè pluz eporta de la morale é de la politice. Il ne pèrsuade ni n'atrène, parse c'il n'écri pàz avèc jaler, é c'il parè pluz ocupé de son ar, ce dè vérité c'il anose. De la vie pet-ètre ce lè suvere, dot il s'èt, a célce faso, costitué le léjislater, o répodu a sèz avi par dè récopase. Il a copòzé sur lè devoar dè roà, e petit uvraje c'il fè sirculé de cur a cur. Deni, tira de Siracūze, le resu. Il admira l'òter, é lui pardona fasilema dè leso ci ne portè pà le remor da son ame.

Izocrate a vièli, feza, polisa, repolisa, refezat e trè-peti nobre d'uvraje. So panéjirice d'Atène lui cūta, dit-o, diz anèe de traval.

Pada le ta ce dura séte laboriēze costrucsio, il ne s'apersu pà c'il elevé son édifise sur dè fodema ci devèt an atrèné la ruine. Il pòze pur presipe ce le propre de l'élocase è d'agradir lè petite jòze, é d'apetissé lè grade; é il tàje de motrér asuite ce lèz Atèniez o radu plu de sèrvisez a la Grèse ce lè Lasédémonie.

AUTRE EXTRAIT

DES VOYAGES DU JEUNE ANACHARSIS.

ALCÉE avoit conçu de l'amour pour Sapho. Il lui écrivit un jour : Je voudrois m'expliquer, mais la honte me retient. Votre front n'auroit pas à rougir, lui répondit-elle, si votre cœur n'étoit pas coupable.

Sapho disoit : J'ai reçu en partage l'amour des plaisirs et de la vertu. Sans elle, rien de si dangereux que la richesse ; et le bonheur consiste dans la réunion de l'une et de l'autre. Elle disoit encore : Cette personne est distinguée par sa figure ; celle-ci, par ses vertus. L'une paroît belle, au premier coup-d'œil ; l'autre ne le paroît pas moins, au second.

Je rapportois, un jour, ces expressions, et beaucoup d'autres semblables, à un citoyen de Mytilène, et j'ajoutois : L'image de Sapho est empreinte sur vos monnoies ; vous êtes remplis de vénération pour sa mémoire. Comment concilier les sentiments qu'elle a déposés dans ses écrits, et les honneurs que vous lui décernez en public, avec les mœurs infâmes qu'on lui attribue sourdement ? Il me répondit : Nous ne connoissons pas les détails de sa vie, pour en juger. A parler exactement, on ne pourroit rien

AUTRE EXTRAIT

DES VOYAGES DU JEUNE ANACHARSIS.

Alsée avé cosu de l'amur pur Safo. Il lui écrivit e jur : je vudrè m'écsplicé, mè la cote me retie. Votre fro n'òré pàz a rujir, lui répoditélé, si votre cer n'été pà cupable.

Safo dizé : J'é resu a partaje l'amur dè plèzirz é de la vèrtu ; saz élé, rie de si dajerę ce lá rijése, é le bonęr cosiste da la réunio de l'une é de l'òtre. èle dizét acòre : cète pérsone è distęgēe par sa fi-gūre ; séle-si, par sè vèrtu. L'une parè béle, ò pre-mié cu d'el ; l'òtre ne le parè pà moez, ò sego.

Je raportèz, e jur, sèz écsprèsio, é bocu d'òtre sablable, a e sitoaie de Mitilène, é j'ajutè : l'imaje dè Safo èt aprete sur vò monè ; vūz été rapli de vénérâsio pur sa mémoàre. Coma cosilié lè satima c'éle a dépòzé da sèz écri, é lèz onęr ce vū lui dé-sèrnéz a public, èvec lè męrz efàme c'o lui atribūe surdema ? Il me répodi : Nū ne conèso pàz asé lè détal de sa vīe, pur a jujé. A parlér égzactema, o ne pūré rie coclūre a sa favęr de la justise c'éle rat a la vèrtu, é de séle ce nū radoz a sè tala. Ca

conclure en sa faveur de la justice qu'elle rend à la
vertu, et de celle que nous rendons à ses talents.
Quand je lis quelques-uns de ses ouvrages, je n'ose
pas l'absoudre : mais elle eut du mérite et des ennemis, je n'ose pas la condamner.

Après la mort de son époux, elle consacra son
loisir aux lettres, dont elle entreprit d'inspirer le
goût aux femmes de Lesbos. Plusieurs d'entr'elles
se mirent sous sa conduite ; des étrangères gros-
sirent le nombre de ses disciples. Elle les aima avec
excès, parce qu'elle ne pouvoit rien aimer autrement ; elle leur exprimoit sa tendresse avec la violence de la passion. Vous n'en serez pas surpris,
quand vous connoîtrez l'extrême sensibilité des
Grecs, quand vous saurez que parmi eux les liaisons les plus innocentes empruntent souvent le
langage de l'amour. Lisez les dialogues de Platon.
Voyez en quels termes Socrate y parle de la beauté
de ses élèves. Cependant Platon sait mieux que personne combien les intentions de son maître étoient
pures. Celles de Sapho ne l'étoient peut-être pas
moins. Mais une certaine facilité de mœurs, et la
chaleur de ses expressions n'étoient que trop propres à servir la haine de quelques femmes puissantes qui étoient humiliées de sa supériorité, et
de quelques-unes de ses disciples qui n'étoient pas
l'objet de ses préférences. Cette haine éclata. Elle
y répondit par des vérités et des ironies qui ache-
vèrent de les irriter. Elle se plaignit ensuite de

jc li célcez-e dé sèz uvraje , je n'òze pà l'absudre ;
mèz ele u du mérite é dèz énemi, je n'òze pà la
codàné.

Aprè la mor de son épu, éle cosacra so loàzir
ò lètre, dot éle atrepri d'espiré le gūt ò fame de
Lésboz. Plūzièr d'atre éle se mīre su sa coduite ;
dèz étrajère gròsīre le nobre de sè disiple. éle lèz
éma avéc écsè, parse c'éle ne puvé rien émér òtre-
ma ; éle lèr ecsprimé sa tadrèse avéc la violase de
la pàsio. Vū n'a seré pà surpri, ca vū conètré l'écs-
trème sasibilité dè Gréc, ca vū sòré ce parmi ę
lè lièzo lè pluz inosate àprcte suva le lagaje de l'a-
mur. Lizé lè dialoge de Plato ; voaiéz a cél térme
Socraté i parle de la bòté de sèz éléve. Sepada,
Plato sé mię ce pérsone cobie lèz etasio de so mètre
été pūre. Sélé de Safo ne l'été pà moę pet-ètre.
Mèz une sérténe fasilité de merz, é la jalęr de sèz
écsprèsio n'été ce tro proprez a sèrvir la cène de
célce fame puisate ci étèt umiliëe de sa supériorité,
é de célcez-une de sè disiple ci n'été pà l'objé de
sè préfórase. Céte cène éclata ; éle i répodi par dò
véritéz é dèz ironīe ci ajevère dé lèz irrité. éle se
pléñit asuite de lęr pérsécūsio, é se fut ę nuvó
crime. Cotrète de pradre la fuite, éle ala jerjér un
àzile a Sisile, u l'o projéte, a se ce j'ata dīre, de
lui élevér une statūe. Si lè brui do vū me parlé ne
so pà fodé, come je le paso, son égzaple a pruvé

leurs persécutions, et ce fut un nouveau crime. Contrainte de prendre la fuite, elle alla chercher un asile en Sicile, où l'on projette, à ce que j'entends dire, de lui élever une statue. Si les bruits dont vous me parliez, ne sont pas fondés, comme je le pense, son exemple a prouvé que de grandes indiscrétions suffisent pour flétrir la réputation d'une personne exposée aux regards du public et de la postérité.

Sapho étoit extrêmement sensible. Elle étoit donc extrêmement malheureuse, lui dis-je. Elle le fut sans doute, reprit-il. Elle aima Phaon, dont elle fut abandonnée. Elle fit de vains efforts pour le ramener ; et, désespérant d'être désormais heureuse avec lui et sans lui, elle tenta le saut de Leucade, et périt dans les flots. La mort n'a pas encore effacé la tache imprimée sur sa conduite, et peut-être, ajouta-t-il en finissant, ne sera-t-elle jamais effacée ; car l'envie, qui s'attache aux noms illustres, meurt, à la vérité ; mais elle laisse après elle la calomnie, qui ne meurt jamais.

Sapho a fait des hymnes, des odes, des élégies, et quantité d'autres pièces, la plupart sur des rhythmes qu'elle avoit introduits elle-même, toutes brillantes d'heureuses expressions dont elle enrichit la langue.

Plusieurs femmes de la Grèce ont cultivé la poésie avec succès ; aucune n'a pu jusqu'à présent égaler Sapho ; et parmi les autres poètes, il en est très-

ce de gradez odiscrétio sufize pur flétrir la réputà-
sio d'une persone écspòzée ò regar du public é de
la postérité.

Safo étét écstrèmemã sasible. éle été dɔc écstrèmemã malérèze, lui dī-je. éle le fu, sa dute, reprit-il. éle éma Fao, dɔt éle fut abadonée. éle fi
de vez éfor pur le ramené; é, dēzéspéra d'ètre dē-
zormèz erɔse avéc lui é sa lui, éle tata le sò de
Lecade, é péri da lē flò. La mor n'a pàz acòre éfasé
la taje éprimée sur sa coduite, é pet-ètre, ajutà-
t-il a finisa, ne sera-t-éle jamèz éfasée; car l'avīe,
ci s'ataje ò noz illustre, mert, a la vérité; mèz éle
lèse aprèz éle la calomnīe, ci ne mer jamè.

Safo a fé dèz imne, dèz ode, dèz éléjīe, é catité
d'òtre piése, la plupar sur de ritme c'éle avét etro-
duiz éle-mème, tute brilate d'erèzez écsprèsio dɔt
éle arijit notre lage.

Plūzier fame de la Grèse o cultivé la poëzīe avéc
sucsè; òcune n'a pu jusc'a prēzat égalé Safo, é,
parmi lèz òtre poéte, il i an a trè-pɛ ci mérite de

peu qui méritent de lui être préférés. Quelle attention dans le choix des sujets et des mots ! Elle a
peint tout ce que la nature offre de plus riant. Elle
l'a peint avec les couleurs les mieux assorties ; et
ces couleurs, elle sait au besoin tellement les nuan-
cer, qu'il en résulte toujours un heureux mélange
d'ombres et de lumières. Son goût brille jusque
dans le mécanisme de son style. Là , par un artifice
qui ne sent jamais le travail, point de heurtements
pénibles , point de chocs violents entre les éléments
du langage ; et l'oreille la plus délicate trouveroit
à peine dans une pièce entière quelques sons qu'elle
voulût supprimer. Cette harmonie ravissante fait
que dans la plupart de ses ouvrages, ses vers coulent
avec plus de grace et de mollesse que ceux d'A-
nacréon et de Simonide.

Mais avec quelle force de génie nous entraîne-
t-elle , lorsqu'elle décrit les charmes , les transports
et l'ivresse de l'amour ! Quels tableaux ! quelle chaleur ! Dominée, comme la Pythie, par le dieu qui
l'agite, elle jette sur le papier des expressions en-
flammées. Ses sentiments y tombent comme une
grêle de traits, comme une pluie de feu qui va tout
consumer. Tous les symptômes de cette passion ,
s'animent et se personnifient, pour exciter les plus
fortes émotions dans nos ames.

C'étoit à Mytilène que , d'après le jugement de
plusieurs personnes éclairées , je traçois cette foible
esquisse des talents de Sapho; c'étoit dans le silence

lui

lui ètre préféré. Cèle atasio da le joà dè sujèz é dè
mò! éle a pe tú se ce la natūre ofre de plu ria ; éle
l'a pet avèc lè culer lè mièz asortīe , é sè culer, éle
sèt ò bezoe telema lè nuasé, c'il a rēzulte tujurz
un erē mélaje d'obrez é de lumière. So gū brile
jusce da le mécanisme de so stīle. La , par un arti-
fise ci ne sa jamè le traval, poe de certema pénible,
poe de joc violaz atre lèz éléma du lagaje , é l'orèle
la plu délicate truverét a pène, daz une pièse a-
tière , eelce so cèle vulū suprimé. Sète armonie ra-
visate fè ce, da la plupar de sèz uvraje, sè vèr
culèt avèc plu de gràse é de molèse ce sē d'Ana-
créo é de Simonide.

Mèz avèc cèle forse de jénīe nūz atrène-t-éle ,
lorsc'éle décri lè jarme, lè trasporz é l'ivrése de
l'amur! Cèl tablò! Cèle jaler ! Dominēe, come la
Pitīe, par le diē ci l'ajite, éle jéte sur le papié dèz
ecsprèsiōz aflamēe. Sè satimaz i tobe, come une
grèle de trè, come une pluīe de fe ci va tu cosu-
mé. Tū lè septòme de sète pàsio s'animet é se pèr-
sonifie , pur ecsité lè plu fortez émòsio da nòz ame.

S'étèt a Mitilène, ce d'aprè le jujema de plūzier pèrsonez éclerée, je trasè sète fèble éscise dè
tala de Safo ; s'été da le silase de la réflècsio , daz

N

de la réflexion, dans une de ces brillantes nuits si communes dans la Grèce, lorsque j'entendis, sous mes fenêtres, une voix touchante qui s'accompagnoit de la lyre, et chantoit une ode où cette illustre Lesbienne s'abandonne sans réserve à l'impression que faisoit la beauté sur son cœur trop sensible. Je la voyois foible, tremblante, frappée comme d'un coup de tonnerre, qui la privoit de l'usage de son esprit et de ses sens, rougir, pâlir, respirer à peine, et céder tour-à-tour aux mouvements divers et tumultueux de sa passion, ou plutôt de toutes les passions qui s'entre-choquoient dans son ame.

Telle est l'éloquence du sentiment. Jamais elle ne produit des tableaux si sublimes et d'un si grand effet, que lorsqu'elle choisit et lie ensemble les principales circonstances d'une situation intéressante ; et voilà ce qu'elle opère dans ce petit poème dont je me contente de rapporter les premières strophes.

> Heureux celui qui près de toi soupire,
> Qui sur lui seul attire ces beaux yeux,
> Ces doux accents et ce tendre sourire !
>   Il est égal aux dieux.
>
> De veine en veine une subtile flamme
> Court dans mon sein, sitôt que je te vois ;
> Et dans le trouble où s'égare mon ame,
>   Je demeure sans voix.
>
> Je n'entends plus ; un voile est sur ma vue ;
> Je rêve, et tombe en de douces langueurs, etc.

une de sè brilate nui si comune da la Grése, lorsce
j'atadi sū mè fenètre, une voà tujate ci s'acopañé
de la līre, é jatét une ode u séte illustre Lésbiène
s'abadoné sa rēzérve a l'eprèsio ce fezé la bòté sur
so cer tro sasible. Je la voaiè féble, trablate, frapēe
come d'e cu de tonère ci la privé de l'usaje de son
éspri é de sè saz, rujir, pàlir, réspirér a pène, é
sédé tur a tur ò muvema divèrz é tumultuō de sa
pàsio, u plutò de tute lè pàsio ci s'atre-jocè da
son ame.

Tèle è l'élocase du satima. Jamèz éle ne produi
dè tablò si sublimez é d'e si grat éfé, ce lorsc'èle
joàzit é līe asable lè presipale sircostase d'une si-
tuàsio etérèsate; é voala se c'èle opère da se peti
poème, do je me cotate de raporté lè première
strofe.

    erē selui ci prè de toa supīre !
Ci sur lui sel atīre sè bòz iō,
Se duz acsat é se tadre surire !
      Il èt égal ò diē.

De vène a vène une subtile flàme
Cur da mo se, sitò ce je te voà ;
E da le truble u s'égàre mon àme,
      Je demēre sa voà.

Je n'ata pluz, e voale è sur ma vūe ;
Je rève é tobe a de duse lager, etc.

EXTRAITS

DE

MIRABEAU PEINT PAR LUI-MÊME.

PREMIER EXTRAIT.

On venoit d'apprendre la mort de Francklin. Mirabeau monte à la tribune de l'assemblée nationale, et dit :

« Messieurs, Francklin est mort.... (Il se fait un profond silence)..... Il est retourné au sein de la divinité, le génie qui affranchit l'Amérique, et versa sur l'Europe des torrents de lumières.

Le sage que deux mondes réclament, l'homme que se disputent l'histoire des sciences et l'histoire des empires, tenoit sans doute un rang bien élevé dans l'espèce humaine.

Assez long-temps les cabinets politiques ont notifié la mort de ceux qui ne furent grands que dans leur éloge funèbre ; assez long-temps l'étiquette des cours a proclamé des deuils hypocrites ; les nations ne doivent porter que le deuil de leurs bienfaiteurs ; les représentants des nations ne doivent recommander à leurs hommages que les héros de l'humanité.

E X T R A I T S

D E

MIRABEAU PEINT PAR LUI-MÊME.

PREMIER EXTRAIT.

O vené d'apradre la mor de Fraclę. Mirabò mote a la tribune de l'asablēe nasionale, é di :

« Mèsię, Fraclę è mor..... (Il se fèt ę profǫ silase). Il è returné ò se de la divinité, le jénīe ci afraji l'Américe, é vèrsa sur l'ęrope dè torrą de lumière.

Le saję ce dę̄ modę réclàme, l'ome ce se dispute l'istoàre dè siase é l'istoàre dèz apīre, tené sa dųte ę rą bién élevé dą l'èspèse umène.

Asé lǫ-tą, lè cabinę politice ǫ notifié la mor de sę̄ ci ne fûre grą ce dą lęr éloje funébre ; asé lǫ-tą l'éticéte dè cųr a proclamé dè dęlz ipocrite ; lè nàsio ne doave porté ce le dęl de lęr bięfètęr ; lè reprēzątą dè nàsio ne doave recomadér a lęrz omaję ce lè ‹érò de l'umanité.

Le congrès a ordonné dans les quatorze-états de la confédération un deuil de deux mois pour la mort de Francklin, et l'Amérique acquitte, en ce moment, ce tribut de vénération et de reconnoissance pour l'un des pères de sa constitution.

Ne seroit-il pas digne de vous, messieurs, de nous unir à l'Amérique dans cet acte religieux, de participer à cet hommage rendu, à la face de l'univers, et aux droits de l'homme, et au philosophe qui a le plus contribué à en propager la conquête? L'antiquité eût élevé des autels au puissant génie qui, au profit des mortels, embrassant dans sa pensée le ciel et la terre, sut dompter la foudre et les tyrans. L'Europe éclairée et libre doit du moins un témoignage de souvenir et de regret à l'un des plus grands hommes qui aient jamais servi la philosophie et la liberté.

Je propose qu'il soit décrété que l'assemblée nationale portera, pendant trois jours, le deuil de Benjamin Francklin. »

Cette proposition eut tout le succès que méritoient et l'importance du sujet et l'éloquence imposante de l'orateur.

Le cogrèz a ordoné, da lè catorze étà de la cofédéràsio, e del de dé moà pur la mor de Fracle, é l'Américe acite, a se moma, se tribu de vénéràsio é de reconèsase pur l'e dè père de sa costitūsio.

Ne serét-il pà diñe de vū, mèsiē, de nūz unir a l'Américe, da set acte relijiē, de partisipér a set omaje radu, à la fase de l'univèr, é ò droà de l'ome é ò filòzofe ci a le plu cotribué a a propajé la cocète? L'aticité et élevé dèz òtélz ò puisa jéñie ci, ò profi dè mortél, abrasa da sa pasēe le sièl é la tère, su dopté la fudre é lè tira. L'erope, éclérèe é libre, doat ò moez e témoañaje de suvemir é de regré a l'e dè plu graz ome ci è jamè sérvi la filòzofie é la libérté.

Je propòze c'il soa décrété ce l'asablēe nasionale portera, pada troà jur, le del de Bejame Fracle ».

Sète propòzīsiò u tu le sucsè ce méritèt é l'eportase du sujè, é l'élocase epòzate de l'oratēr.

DEUXIÈME EXTRAIT.

IL étoit question dans l'assemblée nationale, de changer le pavillon blanc en pavillon aux trois couleurs. Le côté droit s'y opposoit. Mirabeau, à la tribune :

« Aux premiers mots proférés dans cet étrange débat, j'ai ressenti, je l'avoue, comme la plus grande partie de cette assemblée, les bouillons de la furie du patriotisme jusqu'au plus violent emportement. (Murmures à droite, applaudissements à gauche.) Mais bientôt j'ai réprimé ces justes mouvements, pour me livrer à une observation vraiment curieuse, et qui mérite toute l'attention de l'assemblée. Je veux parler du genre de présomption qui a pu permettre d'oser présenter ici la question qui nous agite, et sur l'admission de laquelle il n'étoit pas même permis de délibérer.

Tout le monde sait quelles crises terribles ont occasionnées de coupables insultes aux couleurs nationales ; tout le monde sait quelles ont été, en diverses occasions, les funestes suites du mépris que quelques individus ont osé leur montrer ; tout le monde sait avec quelle félicitation mutuelle la nation entière s'est complimentée, quand le gouvernement a ordonné aux troupes de porter, et a porté lui-même ces couleurs glorieuses, ce signe de ralliement de tous les amis, de tous les enfants

DEUXIÈME

DEUXIÈME EXTRAIT.

Il été céstio, da l'asablēe nasionale, de jajé le pavilo blã a pavilo ò troà culer. Le còté droa s'i opòzè. Mirabò, a la tribune :

« ò premié mò proféré da set étraje dēba, j'ó resati, je l'avue, come la plu grade partie de séte asablēe. lè buo de la furie du patriotisme, jusc'ò plu violat aportema. (Murmūrez a droate, aplòdisemaz a gòje.) Mè bietò j'é réprimé sè juste muvema, par me livrér a une obsérvàsio vrèma curiēze, é ci mérite tute l'atasio de l'asablēe. Je vē parlé du jare de prēzopsio ci a pu pérmétre d'òzé prēzatér isi la cèstio ci nuz ajite, é sur l'admīsio de lacéle il n'été pà mème pèrmi de délibéré.

Tu le mode sè cèle crīze tèrrible ot ocàzionēe de cupablez esultez ò culer nasionale ; tu le mode sè cèlez ot été, a divérsez ocàzio, lè funèste suite du mépri ce cèlcez edividuz ot òzé ler motré ; tu le mode sét avéc cèle félisitàsio mutuéle la nàsio atière s'è coplimatēe, ca le guvernemat a ordoné ò trupe de porté, é a porté lui-mème sè culer gloriēze, se siñe de ralīma de tū lèz ami, de tū lèz afa de la libérté, de tū lè défaser de la costitūsio ; tu le mode sè c'il i a pe de moà, il i a pe de se-

O

de la liberté, de tous les défenseurs de la constitution; tout le monde sait qu'il y a peu de mois,
il y a peu de semaines, le téméraire qui eût osé
montrer quelque dédain pour cette enseigne du
patriotisme, eût payé ce crime de sa tête. (Murmures à droite, applaudissements à gauche.)

Et lorsque vos comités réunis, ne se dissimulant
pas les nouveaux arrêtés qu'entraîne le changement
de pavillon, soit dans sa forme, soit dans les mesures secondaires qui seront indispensables pour
assortir les couleurs nouvelles aux divers signaux
qu'exigent les évolutions navales, méprisent la fu-
tile objection de la dépense, comme si la nation,
si long-temps victime des profusions du despotisme,
pouvoit regretter le prix des livrées de la liberté!
comme s'il falloit penser à la dépense des nouveaux
pavillons, sans en rapprocher ce que cette con-
sommation nouvelle versera de richesses dans le
commerce des toiles, et jusque dans les mains des
cultivateurs du chanvre, et d'une multitude d'ou-
vriers.

Lorsque vos comités réunis, très-bien instruits
que de tels détails sont de simples mesures d'ad-
ministration qui n'appartiennent pas à cette assemblée, et ne doivent pas consumer son temps; lorsque
vos comités réunis, frappés de cette remarquable
et touchante invocation des couleurs nationales,
présentée par des matelots, dont on fait avec tant
de plaisir retentir les désordres, en en taisant les

méne, le témérère ci ūt òzé mọtré célce dédẹ pụr
séte aséñe du patriotisme , ū pểié se crime de sa
tète. (Murmūrez a droate , aplòdisemaz a gòjo).

E, lorsce vò comité réuni, ne se disimulạ pà lè
nụvòz àrèté c'ạtrène le jajemạ de pavilọ, soa dạ
sa forme , soa dạ lè mczūre segọdère ci serọt ẹdis-
pạsable pụr asortir lè culẹr nụvéle ò divèr siñò
c'éczije lèz évolūsiọ navale , méprīze sepạdạ la fu-
tilẹ objèctiọ de la dépạse ; come si la nàsiọ , si lọ-ta
victime dè profūziọ du déspotisme , pụvẹ regrété
le pri dè livrēe de la libèrté ! çome s'il falé pạsér
a la dépạse dè nụvò pavilọ , saz ạ raprojé se cẹ séte
cọsomàsiọ nụvéle vèrsera de rijése dạ le comèrsé
dè toale , é jusce dạ lé mẹ dè cultivatẹr du jàvre ,
é d'une multitude d'ụvrié !

Lorsce vò comité réuni , trè-bièn ẹstrui ce de
tèl détạl sọ de seple mezūre d'administràsiọ ci
n'apartiéne pàz a séte asablēe , é ne doave pà cọ-
sumé sọ tạ ; lorsce vò comité réuni , frapé de séte
remarcable é tujate ẹvocàsiọ dè culẹr nasionale ,
prēzạtēe par dè matelò , dọt ọ fèt avéc tạ de plèzir
retạtir lè dēzordre , an a tēzạ lè véritable còze ,
pụr pọ c'éle puise sạblér écscusable.

O 2

véritables causes, pour peu qu'elles puissent sembler excusables.

Lorsque vos comités réunis ont eu cette belle et profonde idée de donner aux matelots, comme un signe d'adoption de la patrie, comme un appel à leur dévouement, comme une récompense de leur retour à la discipline, le pavillon national, et vous proposent en conséquence une mesure, qui, au fond, n'avoit pas besoin d'être demandée, ni décrétée, puisque le gouvernement avoit déjà ordonné que les trois couleurs fussent le signe national.

Hé bien, parce que je ne sais quel succès d'une tactique frauduleuse, dans la séance d'hier, a gonflé les cœurs contre-révolutionnaires; en vingt-quatre heures, en une nuit, toutes les idées sont tellement subverties, tous les principes sont tellement dénaturés, on méconnoît tellement l'esprit public, qu'on ose dire à vous - mêmes, à la face du peuple qui nous entend, qu'il est des préjugés antiques qu'il faut respecter, comme si votre gloire et la sienne, n'étoit pas de les avoir anéantis, ces préjugés que l'on réclame ! Qu'il est indigne de l'assemblée nationale de tenir à de telles bagatelles, comme si la langue des signes n'étoit pas par-tout le mobile le plus puissant pour les hommes, le premier ressort des patriotes et des conspirateurs, pour le succès de leur fédération ou de leurs complots ! On ose, en un mot, vous tenir froidement un langage qui, bien analysé, dit précisément : nous nous croyons

Lorsce vò comité réuni ǫt u séte béle é profǫde idēe de donér ò matelò, come ę siñe d'adopsiǫ de la patrīe, come un apèl a lęr dévūma, come une récǫpase de lęr retur a la disipline, le pavilǫ nasional, é vū propòzet a cǫsécase une mezūre ci, ò fǫ, n'avé pà bezoę d'ètre demadēe, ni décrétēe, puisce le gǫvèrnemat avé déja ordoné ce lè troà cǫlęr fūse le siñe naśional.

E bię, puisce je ne sé cèl sucsè d'une tactice fròdulęze, dą la séase d'ièr, a gǫflé lè cęr cǫtre-révolusionère; a vęt-catre ęre, an une nui, tūte lèz idēe sǫ télemą subvértīe, tū lè presipe sǫ télemą dénaturé, ǫ méconè télema l'èspri public c'on òze dire a vū-mème, a la fase du pęple ci nūz atą, c'il è dè préjujéz ątice c'il fò rèspécté. come si votre gloàre é la siène n'été pà de lèz avoar anéati, sè préjujé ce l'ǫ réclàmé! C'il èt ędiñe de l'asablēe nasionale de tenir a de télę bagatéle, come si la lage dè siñe n'été pà partu le mobile le plu puísą pur lèz ome, le premié resor dè patriotez é dè cǫspiratęr, pur le sucsè de lęr fédéràsiǫ u de lęr cǫplò. On òze, an ę mot, vū tenir froademat ę lągaje, ci, bièn analizé, di présīzemą: nū nū croaiǫz asé for pur arboré la cǫlęr bląje, s'èt-a-dire, la cǫlęr de la cǫtre-révolūsiǫ, (Criz a droate, aplòdisemàz a gòjc.) à la plase dèz odięze cǫlęr de la libérté.

assez forts pour arborer la couleur blanche, c'est-
à-dire, la couleur de la contre-révolution (Cris à
droite, applaudissements à gauche), à la place des
odieuses couleurs de la liberté.

Cette observation est curieuse, sans doute, mais
son résultat n'est pas effrayant. Certes ils ont trop
présumé. Croyez-moi , (en regardant la droite) ne
vous endormez pas dans une si périlleuse sécurité,
car le réveil seroit prompt et terrible. (C'est le
langage d'un factieux). Calmez-vous, car cette im-
putation doit être l'objet d'une controverse régulière, nous sommes contraires en faits, vous dites
que je tiens le langage d'un factieux. (de la droite,
oui, oui.)

M. le président, je demande un jugement, et je
pose le fait : je prétends, moi, qu'il est, je ne
dis pas irrespectueux; je ne dis pas inconstitution-
nel, je dis profondément criminel, de mettre en
question, si une couleur destinée à nos flottes peut
être différente de celle que l'assemblée nationale a
consacrée, que la nation et le gouvernement ont
adoptée, peut être une couleur suspecte et proscrite. Je prétends que les véritables factieux, les
véritables conspirateurs sont ceux qui parlent de
préjugés qu'il faut ménager, en rappelant nos antiques erreurs et les malheurs de notre honteux
esclavage.... Non, messieurs, non; leur sotte présomption sera déçue; leurs sinistres présages, leurs
hurlements blasphémateurs seront vains; elles vo-

Séte obsérvàsiọ è curiệze, sạ dụte; mè sọ rūzultá
n'è pàz éfrėia. Sértez iz ọ tro prēsumé. Croaié-moa,
(ạ regardạ la droate) ne vūz adormé pà dạz une si
périłệze sécurité, car le révèl seré prọt é térrible.
(S'è le laɡaje dè facsiọ.) ..... Calmé-vū, car séte
eputàsiọ doat ètre l'objé d'une cọtrovérse régulière.
_ Nū some cọtrérez ạ fè ; vū dite ce je tiẹ le laɡaje
—d'ẹ facsiọ. (De la droate : ụi, ụi !)

Mosiẹ le prēzidạ, je demạde ẹ jujemạ, é je pòze
le 'fé : je prétạ, moa, c'il è, je ne di pàz irrés-
pèctuẹ̄, je ne di pàz ẹcọstitusionél, je di profọdé-
mạ criminél de métre ạ cèstiọ si une cụłẹr déstinēe
a nò flote pẹt ètre diférạte de séle ce l'asạbłēe na-
sionalc a cọsacrēe, cè la nàsiọ é le gụvérnemat ọt
adoptēe, pẹt ètre une cụłẹr suspécte é proscrite.
Je prétạ ce lè véritable facsiọ, lè véritable cọspi-
ratẹr sọ sệ ci parle de préjujé c'il fò ménajé, ạ
rapelạ nòz ạticez érrẹr, é lè malẹr de notre cotệz
ésclavaje. ..... Nọ, mèsiọ, nọ; lẹr sote prēsopsiọ
séra désūe; lẹr sinistre prēzaje, lẹr curłemạ blas-
fématẹr serọ vẹ. éle vogerọ sur lè mèr lè cụłẹr nasionale, élez obtiẹdrọ le réspéc de tute lè cọtrēe,
nọ come le sìñc du cọbat é de la victoàre, mè

gueront sur les mers, les couleurs nationales, elles obtiendront le respect de toutes les contrées, non comme le signe des combats et de la victoire, mais comme celui de la sainte confraternité des amis de la liberté sur toute la terre, et comme la terreur des conspirateurs et des tyrans ».

TROISIÈME EXTRAIT.

Une députation de Quakers venoit de prononcer un discours, à la barre de l'assemblée nationale ; Mirabeau, alors président, répondit :

« Les Quakers, qui ont fui les persécuteurs et les tyrans, ne pouvoient que s'adresser avec confiance aux législateurs qui, les premiers, ont réduit en lois, les droits de l'homme ; et la France régénérée, la France, au sein de la paix dont elle recommandera toujours l'inviolable respect, et qu'elle désire à toutes les autres nations, peut devenir aussi une heureuse Pensylvanie. Comme système philantropique, vos principes obtiennent notre admiration ; ils nous rappellent que le premier berceau de chaque société fut une famille réunie par ses mœurs, par ses affections et par ses besoins. Hé ! sans doute les plus sublimes institutions seroient celles qui, créant une seconde fois l'espèce humaine, la rapprocheroient de cette première et vertueuse origine.

come

come selui de la sete cofraternité dèz ami de la libérté sur tute la tère, é come la tèrreur des cos-
piratęrz é dè tira. »

TROISIÈME EXTRAIT.

Une députàsio de Cuàcre venè de pronosér ę
discur, a l'asablēe nasionale ; Mirabò, alor prēsida,
répodi :

« Lè Cuàcre, ci o fui lè pèrsécutęrz é lè tira,
ne puvè ce s'adrésér avéc cofiąse ò léjislatęr ci, lè
premié, o réduit a loà lè droà de l'ome; é la Frase
réjénérēe, la Frase, ò sę de la pè, dot èle reco-
madera tujur l'ęviolable rèspéc, ė c'èle dēzire a
tute lèz òtre nàsio, pę devenir òsi une ęrēze Pę-
silvanīc. Come sistème filatropice, vò presipez ob-
tiéne notre admiràsio ; i nū rapéle ce le premié
bérsò de jace sosiété fut une famile réunīc par sè
męr, par sèz affécsioz é par sè bezoę. E! sa dute,
lè plu bèlez estitūtio serè sèle ci, créat une segode
foà l'espése umène, la raprojerè de séte première
é vértuęze orijine.

P

L'examen de vos principes, considérés comme des opinions, ne nous regarde point. Il est une propriété qu'aucun homme ne voudroit mettre en commun, les mouvements de son ame, l'élan de sa pensée. Ce domaine sacré place l'homme dans une hiérarchie plus relevée que l'état social. Citoyen, il adopte une forme de gouvernement ; être pensant, il n'a de patrie que l'univers.

Comme principe religieux, votre doctrine ne sera point l'objet de nos délibérations ; les rapports de chaque homme avec l'être d'en haut sont indépendants de toute institution politique ; entre Dieu et le cœur de chaque homme, quel gouvernement oseroit être l'intermédiaire ? Comme maximes sociales, vos réclamations doivent être soumises à la discussion du corps législatif. Il examinera si la forme que vous observez pour constater les naissances et les mariages, donne assez d'authenticité à cette filiation de l'espèce humaine, que la distinction des propriétés rend indispensable, indépendamment des bonnes mœurs ; il discutera si une déclaration dont la fausseté seroit soumise aux peines établies contre les faux témoins et les parjures, ne seroit pas un véritable faux serment.

Estimables citoyens, vous vous trompez ; vous l'avez déjà prêté ce serment civique que tout homme digne d'être libre a plutôt regardé comme une jouissance que comme un devoir. Vous n'avez pas pris Dieu à témoin, mais vous avez attesté votre conscience ; et une conscience pure n'est-elle pas aussi

L'ègzamèn de vò presipe, cosidéré come dèz opi-
niọ, ne nū regarde poẹ. Il èt une propriété c'òcun
ome ne vudrè mètre a comẹ, lè niuvema de son
ame, l'éla de sa pasēe. Se doménc sacré plase l'ome
daz une ciérarjīe plu relevēe ce l'éta sọsial. Sitoaiẹ,
il adopte une forme de guvèrnema; ètre pasṇ, il
n'a de patrīe ce l'univèr.

Come presipe relijiọ, votre doctrine ne sera poẹ
l'objè de nò délibérasio; lè rapor de jace ome avéc
l'ètre d'a còsọt edépada de tụte estitūsiọ politice;
atre Diẹ é le cẹr de jace ome, cèl guvèrnemat
òzerèt ètre l'ętẹrmédière? Come macsime soṣiale,
vò réclamàsiọ doavet ètre sụmizez a la discūsiọ du
cor léjislat:f. Il ègzaminera si lè forme ce vūz ob-
sérvé pur cọstaté lè nèsasez é lè mariaje, done asé
d'òtatīsilé a séte filiàsiọ de l'éspèse umènc ce la dis-
tecsiọ dè propriété rat ẹdispasable, ẹdépadama dè
bone mẹr; il discutera si une déclarasiọ dọ la fò-
seté serè sụmīze ò pènez établie cọtre lè fò témoẹz
é lè parjūre, ne serè pàz ẹ véritable fò sèrmṇ.

èstimable sitoaiẹ, vū vū tropé; vū l'avé déja
prèté se sèrmṇ sivice ce tụt ome diñe d'ètre libre a
plutò regardé come une juisase ce come ẹ devoar.
Vū n'avé pà pri Diẹ a témoẹ; mè vūz avéz atèsté
votre cọsiase; é une cọsiase pūre n'èt-èle pàz òsi

un ciel sans nuages? Cette partie de l'homme n'est-
elle pas un rayon de la divinité?

Vous dites encore qu'un article de votre religion
vous défend de prendre les armes et de tuer, sous
quelque prétexte que ce soit. C'est sans doute un
beau principe philosophique que celui qui donne
en quelque sorte ce culte à l'humanité. Mais pre-
nez garde que la défense de soi-même et de ses
semblables ne soit aussi un devoir religieux. Vous
auriez donc succombé sous les tyrans? Puisque nous
avons conquis la liberté pour vous et pour nous,
pourquoi refuseriez-vous de la conserver? Vos frères
de la Pensylvanie, s'ils avoient été moins éloignés
des sauvages, auroient-ils laissé égorger leurs femmes, leurs enfants et leurs vieillards, plutôt que
de repousser la violence? Et les stupides tyrans,
les conquérants féroces, ne sont-ils pas aussi des
sauvages?

L'assemblée discutera toutes vos demandes dans
sa sagesse; et, si jamais je rencontre un Quaker, je
lui dirai : mon frère, si tu as le droit d'être libre,
tu as le droit d'empêcher qu'on ne te fasse esclave.
Puisque tu aimes ton semblable, ne le laisse pas
égorger par la tyrannie; ce seroit te tuer toi-même.
Tu veux la paix, hé bien! c'est la foiblesse qui appelle la guerre; une résistance générale seroit la
paix universelle.

L'assemblée vous invite à sa séance. »

ę sièl sa nuaje? sète partīe de l'ome n'èt-éle pàz ę
rèiǫ de la divinité?

Vǖ ditez açōrǝ c'un article de votre relijiǫ vǖ
défa de prǎdre lèz armez é de tué, sǖ cèlce pré-
tècste ce se soa. S'è sa dǔte ę bǒ prǝsipe filòzofice
ce selui ci donǝ, a cèlce sorte, se culte a l'umanité. Mè prené garde ce la défǎse de soa-mème é
de sę sablable ne soat òsi ę devǫar relijiē. Vǖz òrié
dǫ sucǫbé sǖ lè tirǎ? Puisce nǖz avǫ cǫci la libérté
pǔr vǖz é pǔr nǖ, pǔrcoa refūzerié-vǖ de la cǫ-
sérvé? Vǒ frère de la Pęsilvanie, s'iz avèt été moęz
éloańé dè sòvaje, òrèt-i lèsé égorjé lęr fame, lęrz
afaz é lęr viélar, plutò ce de repǖsé la violǎse? E
lè stupide tirǎ, lè cǫcérǎ férose ne sǫt-i pàz òsi
dè sòvaje?

L'asablēe discutera tǔte vǒ demǎde da sa sajése;
é, si jamè je racǫtre ę cuàcre, je lui diré: mǫ frère,
si tu à le droa d'ètre libre, tu àz òsi le droa d'a-
pèjé c'ǫ ne te fase ésclàve. Puisce tu éme tǫ sǎ-
blable, ne le lèse pàz égorjé par la tiranīe; se seré le
tué toa-mème. Tu vę la pèz, é bię, s'è la fèblése
ci apéle la gère; une rēzistase jénérale seré la pèz
univérséle.

L'asablēe vǖz ęvite a sa séase. »

───────

RÈGLES GÉNÉRALES
DE PROSODIE.

Avant d'assigner à chaque syllabe le ton prosodique qui la caractérise, donnons à quelques lettres dont la valeur peut être contestée, le son qui leur convient.

On écrit :	On prononce :
Désir, desir, désert, desert, etc.	Dēzir, dēzér, etc.
Paysan, paysage, etc.	Péiza, péizaje, etc.
Vermicelle, violoncelle.	Vérmijéle, violojéle.
Almanach, Cotignac, estomac, tabac, lacs de soie, broc de vin, marc d'or, et *Marc*, nom d'homme.	Almana, Cotiña, éstoma, tabà, là de soàe, bro de vę, mar d'or, é *Marc*, no d'ome.
Cicogne, Claude, nécromancie, second, secret, et leurs dérivés, en fortifiant un peu le *g*.	Sigoñe, Glòde, négromasīe, segó, segrè; é lęr dérivé, a fortifiat ę pę le *g*.
Catéchumène, Chersonèse, chiromancie, chiragre, chirographaire,	Catécumène, Cérsonèze, ciromasīe, ciràgre, cirografère, Mélcior, Mél-

On écrit :

On prononce :

Melchior, Melchisédec, Nabuchodonosor, archévêque et archiépiscopat, patriarche et patriarchat, Michel et Michel-Ange ; tachigraphie, Achéron.

 cisédec, Nabucodonozor ; arjevèce é atciépiscopa, patriàrje é patriarca, Mijél é Micél-aje ; tajigrafie, Ajéro.

Cerf, animal ; cerf-volant ; serf, esclave ; un bœuf ; un œuf, un nerf, des bœufs, des œufs, des nerfs, du bœuf salé, un œuf dur ; neuf personnes et un neuf de cœur ; un habit neuf, des habits neufs.

Sèr, animal, sèr-vola, sèrf, ésclave ; e bẹf, un ẹf, ẹ nèrf, dè bẹ̃, dèz ẽ, dè nèr, du bẹ salé, un ẹ dur ; nẹ pèrsone é ẹ nẹf de cẹr ; un abi nẹf, dèz abi nẹf.

Gangrène, un legs, bourg, faubourg ; gnome, gnostique, Progné, inexpugnable, stagnant, ignée, agnus, incognito, magnétisme, signet d'un livre, Regnard, poète.

Cagrène, ẹ lè ; burg, fòbur ; gnòme, gnostice, Progné, inècspugnable, stagna, ignēe, añuz, ẹcoñito, mañétisme, siné d'ẹ livre, Renar, poéte.

Voyez pour le *h* aspiré, la nomenclature des mots à difficultés à la lettre *H*.

Baril, chenil, coutil, fusil, gril, outil, sourcil,

Bari, jeni, cuti, fuzi, gri, uti, sursi, jati berjé,

On écrit :	On prononce :
gentil berger , les Gentils, un gentilhomme, des gentilshommes , Sulli , quelque , quelqu'un, etc.	lè Jatil, ç jatilome, dè jatizome, Suli , cèlcè, cèlc'e , etc.
Aquatique , équateur, équation , in-quarto , quadragénaire , quadragésime, quadrature, quadruple , quaker , quartidi, équestre , à quia, liquéfaction ; quinquagénaire , quinquagésime , quinquennium, quintidi, quintuple, quirinal , ubiquiste ; Quinte-Curce , Quintilien , quidam , quanquan.	Acuatice , écuter , écuàsio, in-cuarto , cuadrajénère, cuadrajēzime, cuadratūre , cuadruple , cuàcre, cuartidi, équèstre , a cuia , licuéfacsio ; cuecuajénère , cuecuajēzime , cuecuènniom , cuetidi, cuetuple , cuirinal, ubicuiste ; Cète-Curse , Cetilie , cida , caca.
Club.	Clob.
Persécution , désuétude , balsamine , balsamique ; jusque , lorsque , puisque , dès que ; aloès, ambesas; anus, as, bibus, blocus , chorus , coléra-morbus , dervis , florès , fétus , fils , garus , gratis, jadis , laps , macis , maïs,	Pérsécūsio , désuétude , balzamine , balzamice; jusce, lorsce, puisce, dè ce ; aloèz, abezàz, ànuz , àz, bibuz, blocuz, coruz , coléra-morbuz , dèrviz, florèz , fétuz, fiz, garuz, gratiz, jadiz, lapz, masiz , maiz , marz, oré-mars ,

On écrit : — *On prononce :*

mars, orémus, Palus-Méotides, sou parisis, picpus, pis de vache, rasibus, rébus, Rheims, relaps, Rubens, en sus, les us.

muz, Paluz-Méotide, su pariziz, picpuz, piz de vaje, ràzibuz, rébuz, Rez, relapz, Rubez, a suz, lèz uz.

Jésus, Jésus-Christ, un lis, une fleur-de-lis, plus prudent, plus que prudent ; le bon sens, le sens commun ; tous les hommes, ils pensent tous.

Jēzuz, Jēzu-Crī, un liz, une flęr de li, plu pruda, pluz ce pruda ; le bo saz, le sa comę ; tũ lèz ome, i pase tūz.

Avant-hier.

Ava-ièr.

Aix, Auxerre, Auxone, Bruxelles, soixante, sexe, syntaxe, etc.

Ez, òsère, òsòne, Bruséle, soasate, sécse, setacse, etc.

Caen.

Ca.

Faon, Laon, paon, taon, aoriste, Saône.

Fa, La, pa, to ; òriste, Sòne.

Août, aoûté.

ū, aūté.

Vuide, vuider, etc. (C'est l'ancienne orthographe).

Vide, vidé, etc.

Aiguiser, aiguillon, le duc de Guise.

éguīzé, éguilo, le duc de Guīze.

Paille, travailler, fille, etc.

Pàle, travalé, file, é no pàie, travaié, fie, etc.

Q

On écrit :	On prononce :
Euridice, heureux, Polieucte, j'ai eu.	eridise, erẽ, Polięcte, j'é u.
Boete, coeffe, poele. (On écrit maintenant, boîte, coiffe, poîle.)	Boàte, coafe, poàle.
Croire, croître, endroit, froid, roide, roideur, que je sois, que tu sois, qu'il soit, etc.	Croàre, croàtre, adroa, froa, roade, roader; ce je soà, ce tu soà, c'il soa, etc.
Indemnité, indemne, solennel ; pentamètre, vendémiaire.	edamnité, edémne, solanèl, patamètre, vadémière.
Immortel, immense, innocent, innombrable, etc. ; important, ingrat, etc. ; amen, examen, hymen, Eden.	Immortèl, immase, innosa, innobrable, etc. ; eporta, egra, etc. ; amén, ègzamén, imén, édén.
On ignore, un ami, un bon ami, cheval bon à monter, bien aimable, c'est mon bien unique, divin amour, divin esprit, souverain être.	On iñôre, un ami, e bon ami, jeval bo a moté, bién émable; s'è mo bié unice, divin amur, divin èspri, suverèn être.

Le tableau qu'on vient de voir donne lieu à quelques règles et à quelques observations.

Désir, *desir*, *désert*, *desert*, etc. L'ortho-graphe et la prononciation de ces mots et de leurs dérivés, varient. Voici la règle.

Dé, privatif ou dérivé du latin, exige l'*é* fermé; ainsi l'on dit *dé*posséder, priver de la possession; *dé*nicher, ôter du nid; *dé*noncer, du latin *denuntiare*; *dé*duire, du latin *deducere*. L'*é* est fermé dans *désir*, *désert*, etc. à double titre. *Désir*, vient du latin *desiderium*, et ce mot signifie privation de l'astre favorable; *désert* vient de *deserere*; et ce mot signifie cesser de semer.

Le seul mot *denier*, formé de *denarius*, a l'*e* muet, malgré l'étymologie latine, sans doute pour le distinguer de *dénier*, synonyme de *nier*, *refuser*.

Paysan, a trois syllabes. La Fontaine a dit:

Un paysan offensa son seigneur.

Il a d'abord signifié habitant du pays,

Estomac, et tous les mots dont la dernière consonne est nulle en prose, peuvent la faire sonner en vers. Boileau a dit:

Le volume effroyable
Lui rase le visage, et droit dans *l'estomac*
Va frapper, en sifflant, l'infortuné *Sidrac*

Q 2

Vermicelle, *violoncelle*. Ces deux mots dérivés de l'italien *vermicello*, *violoncello*, ont adopté la prononciation italienne francisée.

En général, *ch*, *gn*, *qu*, conservent en françois la prononciation de l'hébreu, du grec, du latin, d'où on les a tirés, lorsque les mots ne sont employés que par les savants. Dès qu'ils entrent dans le domaine de notre langue usuelle, ils subissent la loi de la prononciation françoise.

Ainsi quand on vous demande *ch*, *gn*, se prononcent-ils fermes ou doux? *qu* a-t-il le son de *cu*, de *cou*, ou de *c* dur? La question se réduit à ceci : le mot est-il ou n'est-il pas dans la langue usuelle? Dans le premier cas, on prononce à la françoise; dans le second, d'après l'usage de la langue originaire. *Magnétisme*, avant Mesmer, avoit la prononciation ferme. C'étoit un terme technique; il n'étoit employé que par les physiciens. Depuis que tout le monde a parlé de *magnétisme*, ce mot est devenu un mot de la langue usuelle, et le *gn* s'y prononce comme dans *magnifique*.

Club. Ce mot nous vient de l'anglois, où l'*u* bref a presque le son de l'*o*. Comme *ub* final n'a point d'analogue dans notre langue, et que ce mot nous a été donné tout fait, nous avons dû prononcer *clob*, qui d'ailleurs est plus noble, plus agréable que *club*. Cependant l'*u* est resté dans l'écriture, et les sociétés populaires, qui, au commencement de la révolution, ont couvert la France, trompées par cet *u*, ont prononcé, les unes *club*; les autres, *cloub*. Mais la saine prononciation, celle qu'adoptent les amateurs éclairés de notre langue est *clob*, et, pour ramener tout le monde à la même prononciation, il faudroit écrire par *o*, un mot où l'*o* doit se faire entendre, à l'exclusion de toute autre voyelle.

Jésus-Christ. Nous prononçons *Jézu-Cri*; les protestants prononcent toutes les lettres de ce mot, par respect, disent-ils. Mais qu'y a t-il d'irrespectueux à prononcer un mot conformément à l'usage? Manquer de respect à l'oreille, est-ce montrer du respect pour Jésus-Christ? et croient-ils que Dieu se plaît aux mauvais sons?

Le bon sens, le sens commun; tous les hommes, ils pensent tous.

Sens et *tous* perdent le *s* final, à la prononciation, lorsqu'il ne peut y avoir de repos entre eux et le mot qui suit : on prononce le *san* commun, *tou* les hommes.

Sens et *tóus* conservent le *s* final, à la prononciation, lorsqu'il y a un repos entr'eux et le mot qui suit : le bon *sens* commande ce sacrifice. Ils pensent tou*s* que la liberté triomphera.

Aoút. Prononcez *oú*. On lit dans Boileau :

Je consens de bon cœur, pour punir ma folie,
Que tous les vins, pour moi, deviennent vins de Brie ,
Qu'à Paris le gibier manque, tous les hivers,
Et qu'à peine, au mois d'*aoút*, on mange des pois verts.

Depuis la chute du trône, arrivée au 10 août 1792, les orateurs républicains, ayant dû rappeler souvent cette époque, dans la tribune des clobs, et dans celle de l'assemblée nationale, soit ignorance du véritable usage, soit besoin de frapper l'oreille par un son éclatant, prononçoient *le dix* A-OUT. Cette prononciation ne me paroît pas devoir s'accréditer, soit parce que l'hiatus qui avoit fait proscrire la prononciation dissyllabique *a-oút*, répugnera toujours aux oreilles délicates, soit parce que la prononciation *oút* est consacrée par nos poètes.

Aiguiser, *aiguillon*, etc. Ces mots viennent d'*aigu*, voilà pourquoi *u* se prononce.

J'ai eu. Dans quelques villes de France,
on prononce j'ai *é-u*. Un homme disoit un
jour à Boufflers : vous avez *é u* ma sœur dans
votre société. Pourquoi pas, répondit Boufflers?
Jupiter *a é u i o* dans la sienne.

Croire. Le changement du son *oa* en celui
d'*è*, s'est opéré sous le ministère du cardinal
Mazarin. La difficulté qu'éprouvoit une bouche
italienne à prononcer un son qui lui étoit absolument étranger, le lui fit dénaturer, et les
françoà, les angloà, ne furent plus que des
francè, des anglè. Pareils à ces courtisans,
risibles imitateurs du torticolis d'Alexandre,
tous ceux qui composoient la cour d'Anne
d'Autriche se réglèrent sur la prononciation
du ministre-roi ; la ville imita la cour ; la province, la ville, et notre langue pensa perdre
une de ses diphthongues constitutives. Cependant la révolution ne fut pas complète. Plusieurs mots résistèrent au torrent. On a toujours dit *moa*, *roa*, *foa*, *loa*, etc. Plusieurs,
après l'avoir perdue, ont repris leur prononciation première, et de la prononciation ita-

lienné je *crè*, *endrè*, *frè*, on est revenu à la prononciation françoise, je *croà*, *endroà*, *froa* ; c'est même la seule conforme au bon usage actuel.

Une dame demandoit à Fontenelle s'il falloit dire je *crè* ou je *croà*. Je *crè*, répondit-il, qu'il faut dire je *croà*. L'habitude lui dicta la première prononciation, et la réflexion, la seconde.

Immortel, innombrable. L'*i*, suivi de deux *m* ou de deux *n*, n'est point nasal. On prononce *im-mortel*, *in-nombrable*, en donnant à l'*i* et au *m* ou *n* suivant le son qui leur est propre.

Ingrat, imparfait. In, im, dans ces deux mots et dans tous ceux qui leur sont semblables, se prononcent *en* nasal, et non pas *in* nasal. La langue françoise n'a point d'*i* nasal. La nasalité de l'*i* est une prononciation méridionale. Jéliotte l'introduisit dans le chant, et le charme de sa voix transformoit une faute en grace. Il eut des imitateurs ; mais cette mode n'a eu qu'un temps, on est revenu à l'*en* nasal, qui est propre à notre langue ; et aujourd'hui, sur la scène, à la tribune, dans le chant, dans la conversation, par-tout on on prononce nasalement *engrat*, *emportant*, *enfidèle*, etc.

Un bon ami, cheval bon à monter. Pourquoi prononce-t-on sans nasalité *bon* ami, *bien* aimable, et nasalement :

jeval bǫ à mǫté, s'è mǫ bię unice.

Entre *bon* et *ami*, entre *bien* et *aimable*, il ne peut y avoir de pause, parce que l'esprit veut arriver à quelque chose de déterminé. *Bon* et *ami*, *bien* et *aimable* doivent se suivre rapidement, pour qu'il y ait un sens : c'est un bo-nami, il est bié-naimable. C'est un *bon* ne présente aucune idée fixe ; il est *bien* ne présente pas celle qui est dans l'esprit. Point de pause admissible, point de nasalité.

Au lieu que dans ces mots : un cheval *bon* à monter ; il est mon *bien* unique, entre *bon* et à *monter*, entre *bien* et *unique*, il peut y avoir une légère pause, parce que *un cheval bon*, *il est mon bien*, présentent déjà un sens auquel l'esprit peut s'arrêter. Pause admissible, nasalité.

On prononce sans nasalité un *vain espoir*, parce qu'*un vain* n'offrant rien qui puisse

R

arrêter l'esprit, il est forcé d'aller tout de suite
au mot suivant : un *vai-nespoir*.

On prononce nasalement *du vin excellent*, —
parce que *du vin* offre à l'esprit quelque chose
qui peut l'arrêter : du vin excellent.

Cette règle sur la nasalité est très sûre, très-
importante et très-négligée.

On fait, tous les jours, cette question : y
a-t-il une prononciation différente pour le discours familier, la conversation, et pour le
discours soutenu, la lecture, la déclamation,
le chant ?

Réponse. Chaque son doit parvenir nette-
ment à l'oreille avec le caractère que lui a
imprimé la langue, et sur ce point, il n'y a
aucune distinction à faire. Mais comme dans
la conversation, la bouche de celui qui parle
est à la portée de l'oreille de celui qui écoute,
les sons, ayant peu d'obstacles à vaincre,
peuvent et doivent être émis sans effort ; un
certain adoucissement doit accompagner et
fléchir, pour ainsi dire, chaque syllabe. On
donne moins d'intensité à la longue, moins
d'élévation au son grave, moins d'espace aux
dissyllabes ; on néglige quelques liaisons entre

des mots qu'on peut rigoureusement détacher. Mais dans la lecture publique, dans la déclamation, dans le chant, je ne sais quel bruissement sourd inséparable des assemblées, un grand vaisseau qui absorbe la voix, la langue musicale modifiant toujours, couvrant quelquefois la langue ordinaire, présentent des obstacles qu'il faut vaincre par tout le plein dont chaque syllabe est susceptible. L'oreille, dont l'attention ne veut pas être trompée, commande impérieusement la liaison des mots, l'espacement des dissyllabes, l'appellation forte de tous les accidents prosodiques, et l'énergie des sons doit être graduée sur les obstacles. Cette statue, placée trop haut, n'arriveroit pas à l'œil dans ses justes proportions, Phidias en agrandit les formes. Artistes de la parole, imitez Phidias.

Mais, pour rendre l'instruction plus solide, entrons dans quelques détails.

Hors de la conversation, toute consonne finale se lie à la voyelle initiale :

> Quand pourrai-je vivre au village ?
> Quand serai-je le possesseur
> D'un champêtre réduit, asile du bonheur,
> Qu'un bois de cerisiers ombrage ?

Tout auprès seroit un jardin
Où croîtroit la laitue, où verdiroit l'oseille,
Parmi de verts festons de lavande et de thym;
Les murs seroient couverts d'une flexible treille,
 Où pendroit la grappe vermeille;
La figue y mûriroit à côté du raisin,
Et la fraise odorante, aux pieds de la groseille.

Bordé de noisetiers, un limpide ruisseau
 Environneroit mon empire,
 Et mes désirs, j'ose le dire,
Ne passeroient jamais le cristal de son eau.

Plus satisfait que ceux que la fortune enivre,
Et dont l'avide cœur ne sauroit se borner,
 Avec peu j'aurois de quoi vivre,
 J'aurois encor de quoi donner.....
 Que manque-t-il à mon bonheur,
Si, goûtant avec moi ce sort presque céleste,
 Une épouse douce et modeste
Embellit ma retraite, et console mon cœur?
Si je vois quelquefois et ma fille et son frère,
 Sur le gazon, le plaisir dans les yeux,
 Se disputer à qui courra le mieux,
 Pour venir embrasser leur mère? etc.

    BÉRENGER, *Corresp. de l'inst. nat.*

Dans la conversation, on prononceroit:

Un champêtre réduï, asile du bonheur,

Et même dans la lecture en prose, parce que
le repos indiqué par la virgule détache les

deux mots. On doit des lier en vers, pour éviter l'hiatus, la rencontre de deux voyelles.

> Tout auprès serot un jardin.

On ne diroit pas, dans la conversation, *tou*
auprès, *tou* aimable, *vou* avez, *nou* avons.
Ces mots sont inséparables.

> La figue y mûriroi à côté du raisin.
> Bordé de noisetié, un limpide ruisseau.

Pour ce dernier vers, même remarque que
pour *champêtre réduit*.

> J'auroi encor de quoi donner.
> Si, goûtan avec moi ce sort presque céleste.
> Si je vois quelquefoi et ma fille et son frère,
> Se disputé à qui courra le mieux.

L'é fermé suivi de *r*, reste fermé. Lorsqu'on
fait la liaison, on prononce *se disputér à qui
courra le mieux*, et non *se disputèr à qui
courra le mieux*.

Camp et *champ* ne lient jamais le *p* avec
la voyelle du mot suivant.

Le *m*, ou le *n* final d'une nasale ne se lie
jamais avec la voyelle du mot suivant, même
en vers. C'est une faute de prononcer : une
main namie, *destin ninexorable*. Les poëtes
sont tentés de prononcer ce *n*, pour éviter

l'hiatus. Qu'ils se rassurent, cet hiatus, bien
ménagé, leur est permis, et rien ne peut au-
toriser qui que ce soit à changer les sons cons-
titutifs de la langue.

Dans *nation*, *portion*, etc. *ion* est dissyllabe en prose comme en vers. Il en est de
même des dissyllabes *ien*, *ieu*, *ier*, etc. dans
musi*cien*, sang*lier*, pré*cieux*. En prose sans
doute on espace moins qu'en vers, mais on
espace assez pour ne pas faire une diphthongue d'un dissyllabe. On atténue, on affoiblit
les teintes, on ne les dénature pas.

PROSODIE.

Nous avons des sons à ligne latérale, longs
ou brefs; des sons à ligne ascendante, aigus,
graves ou moyens; et des voix nasales. Reli-
sez avec soin l'instruction et la page 41.

SONS LATÉRAUX.

Longs ou brefs.

PREMIÈRE RÈGLE. *Gîte*, *flûte*, un *jeûne*
austère, un *maître*, etc. s'écrivent avec
l'accent circonflexe. Tous les sons de la ligne
latérale *â*, *ê*, *ou*, *eu*, *ui*, *oui*, etc. affectés
de l'accent circonflexe sont longs.

Dû, venant de *devoir*, est bref. L'accent, dans ce mot, n'est pas un signe prosodique; il y est placé, disent les grammairiens, pour distinguer *dû*, venant de *devoir*, de *du*, article, attribut particulier.

DEUXIÈME RÈGLE. On prononce brefs

> Le défi, les défis; le désir, les désirs.
> La vertu, les vertus; le suc, les sucs.
> L'ennui, les ennuis; la nuit, les nuits.
> La rose, les roses.
> Le malheur, les malheurs; le contour, les
> contours.

Les sons *i*, *u*, *ui*, *eu* et *ou*, seuls ou suivis d'une consonne dans la dernière syllabe, sont brefs.

N. B. L'*e* muet est bref, quelque part qu'il se trouve.

TROISIÈME RÈGLE. On prononce brefs

> Un *vœu*, un *œuf*, un *matou*, un *bout*.

Et longs,

> Des *vœux*, des *œufs*, des *matous*, des *bouts*.
> Nous, vous, doux, etc.

Les sons *eu* et *ou*, dans la dernière syllabe,

sont brefs, excepté lorsqu'ils sont suivis d'un
s ou d'un x.

QUATRIÈME RÈGLE. On prononce brefs,

> Fidèle, étudier, jeunesse,
> Mouton, nuitamment.

Les sons *i*, *u*, *eu*, *ou*, *ui*, suivis d'une syllabe masculine, sont brefs.

*Rusé, musard, pusillanime; creuser, gra-
cieuser, gueuser, bousiller, cousu, housard,
aiguiser, épuiser, luisant; présent, lésé, résidence*, et tous les mots où *u*, *eu*, *ou*, *ui*
et *é* aigu, sont suivis d'une syllabe masculine
qui commence par *s* doux ou *z*, sont longs.

Alongez aussi *pousser, émousser*, et tous
les *ou* suivis d'un double *ss*.

CINQUIÈME RÈGLE. On prononce longs,

> Répétition, scission, ablution, confusion,
> Réplétion, lésion,

Les sons *i*, *u*, *é* aigu, devant *sion* ou *zion*,
sont longs.

SIXIÈME RÈGLE. On prononce longs,

> Philosophie, vue, queue, roue;
> Pluie, renommée.

L'*e* muet dans ces mots n'est précédé d'aucune
consonne,

consonne, c'est un *e* muet PUR. L'*e* muet pur alonge *i*, *u*, *eu*, *ou*, *é* aigu placés devant lui.

SEPTIÈME RÈGLE. On prononce brefs,

Solécisme, en *bu*tte, *heu*rtement, *hou*ppe.

L'*e* muet dans ces mots est précédé d'une consonne: de *m*, dans le premier; de *t*, dans le deuxième; de *r*, dans le troisième; de *p*, dans le dernier. C'est un *e* muet ACCOMPAGNÉ. La consonne précédant l'*e* muet accompagné rend brèves les syllabes *i*, *u*, *eu*, *ou*, dont elle fait partie. Alongez

Que je f*i*sse, que je reç*u*sse, etc.

Ou est long dans les mots en *ousse*;
M*ou*sse, m*ou*sseline, p*ou*sse, etc.

HUITIÈME RÈGLE. On prononce brefs
Rap*i*de, ast*u*ce, un j*eu*ne homme;
R*ou*te, tr*ui*te.

Les sons *i*, *u*, *eu*, *ou*, *ui* précédant l'*e* muet accompagné, sont brefs.
Alongez tous les sons en

*i*dre, *i*vre, *i*ve; *eu*ve, *eu*vre, *eu*tre;
*Ou*dre, *ou*le, *ou*tre.

S

Alongez encore

> Style, meule, pâte veule,
> Joute, soute, absoute, ajoute;
> Huile, tuile.

Enfin les sons *i*, *u*, *eu*, *ou*, *ui*, s'alongent devant *r*, *s* doux et *z* :

> Ecrire, cerise, pureté;
> Muse, demeure, j'entoure, pelouse, etc.

SONS ASCENDANTS.

Graves ou aigus.

PREMIÈRE RÈGLE. On prononce graves

> Râle, bêler, rôle, maître, connoître, etc.

Les voyelles *a*, *e*, *o*, affectées de l'accent circonflexe, sont graves.
Le son est aigu dans

> Hôtel, hôtellerie, hôpital,

et moyen dans *vous êtes.*

DEUXIÈME RÈGLE. On prononce aigus

> Le sopha, le plat, la loi, le droit;
> Le domino, le turbot.

On prononce graves

> Les sophas, les plats, les lois, les droits,
>   la joie, la proie,
> Les dominos, les turbots, le repos.

Les sons *a* et *o* finals sans consonne ou avec une consonne nulle autre que *s*, sont aigus.

Les sons *a* et *o* finals, suivis de *s* ou d'un *e* muet, sont graves.

TROISIÈME RÈGLE. On prononce aigus

> Un parc, un mort,
> Les parcs, les morts.

A et *o* finals, immédiatement suivis d'une consonne qui se prononce, sont aigus, sans exception.

QUATRIÈME RÈGLE. On prononce graves

> *Au*teur, loy*au*té, joy*au*.

Au est toujours grave, excepté dans *Paul* et *Saul*, où l'*au* sonne comme l'*o* aigu.

CINQUIÈME RÈGLE. On prononce aigus

> P*a*rure, d*o*cile, v*é*rité, etc.

Les sons *a*, *o*, *é* marqué de l'accent aigu, suivis d'une syllabe masculine, sont aigus.

Prononcez graves

> Accabler, sabrer; délabrer, se cabrer,
> Bacler, racler, cadrer, madré, rafler,
> Gagner, damner, habler, hableur, lacer,
> Enlacer.

Les mots à double *ss* :

> Grossier, carré.

Les mots où *a* et *o* sont suivis de *s* doux ou de *z* :

> Raser, blazon, cloison; oser, prosateur.

Les mots où *a* et *o* sont immédiatement suivis de *sion*, *ssion*, *tion* :

> Evasion, passion, ration, explosion, motion.

Les mots en *ailler*, *aillon* :

> Rimailler, railler, s'encanailler;
> Haillon, penaillon, etc.

Batailler, *détailler*, *travailler*, *bataillon* et *médaillon*, rentrent dans la règle générale, et sont aigus.

Observez que les simples et les composés, les primitifs et les dérivés, tous les mots qui se rapportent à ceux que je viens de citer, à moins qu'une règle expresse n'en décide autrement, ont la même valeur prosodique.

Ainsi, puisque *a* est grave dans *damner*, il l'est aussi dans *condamner*, *condamnation*.

Observez encor que l'*e* muet rend plus grave ou plus long le son grave ou long qui le précède. Ainsi l'*o* grave de *grossir*, est plus grave dans *grosse* ; l'*u* long de *rusé* est plus long dans *ruse*. La voix devant glisser sur la syllabe muette se dédommage d'avance sur la syllabe sonore ; il y a compensation.

SIXIÈME RÈGLE. On prononce moyens

> *Aimer*, *aiguillon*, *foiblesse* ;
> *Gai*, *bienfait*, il *disoit*.

On prononce graves

> La *gaieté*, *plaisir*, *faisan* ;
> Les hommes *gais*, les *bienfaits*, le *faix*, le *frais*.
> Je *disois*, ils *disoient*.

Ai et *oi*, identiques d'*e*, sont moyens. Ils sont graves, suivis de *s* doux, *z* ou *e* muet.

L'*ai* de *faisant*, *bienfaisant*, *bienfaisance*, a le son de l'*e* muet.

Prononcez graves, *fer*, *cuiller*, et toutes les finales en *er* où *r* sonne : *mes*, *tes*, *ses*, *ces*, *les*, *des*, tu es, il *est*, ainsi que *procès*, *succès*, et tous les *e* marqués de l'accent grave et suivis d'un *s* final.

Ai sonne comme un *é* aigu dans *j'ai*, *j'aimai*, *je chanterai*, etc. Je *sais*, tu *sais*, sont moyens.

SEPTIÈME RÈGLE. On prononce moyens

Servir, respectable, projet.

La consonne terminant une syllabe rend l'*e* moyen.

Excepté *et* : l'homme *et* la femme, où l'*e* est aigu.

Cet : cet homme, où l'*e* est muet ; le *t* n'est là qu'une lettre euphonique.

Tous les mots où la consonne autre que *t* ne sonne pas : *bled*, *pied*, *clef*, *danger*, *léger*, *aimer*, *chanter*, etc. vous *aimez*, vous *aimerez*, etc. les soldats *armés*, etc. Dans ces mots l'*é* est aigu.

HUITIÈME RÈGLE. On prononce aigus

Jaspe, botte.

On prononce moyen *ariette.*

La consonne précédant l'*e* muet accompagné rend aiguës les syllabes *a* et *o*, et moyenne la syllabe *e* dont elle fait partie.

Prononcez graves les sons en *aisse*, *oisse* :

Caisse, encaissement, connoisse.
Flamme, manne, Jacques.

Les sons suivis de *rr* : *bizarre* , *tonnerre* , *ab-horre*.

Basse, casse, chasse d'un saint, classe,
Echasse, grasse, la-se, masse, terme de jeu,
Nasse, passe, tasse, an.asse, entasse,
Compasse, fasse, que j'aimasse, que je
    chantasse, etc.
Presse, professe, cesse, confesse.
Bosse, grosse, désosse, endosse.

NEUVIÈME RÈGLE. On prononce aigus

Ménagement, échalotte.

On prononce moyen *prophète, médecin*.
Les sons *a* et *o*, précédant l'*e* muet accompagné, sont aigus, et le son *e*, moyen.
On prononce graves,

Astrolabe, cosmolabe, crabe; diable, fable,
Racle, sable, accable et hable.

Tous les sons en *abre*.

Espace, grace, lace, délace, enlace, entrelace;
Quaker, (couacre).

Tous les sons en *adre*, en *ave* et en *avre*.
Les sons en *aille* :

Bataille, funéraille.

(*Médaille, travaille, détaille, émaille*, rentrent dans la règle générale, et sont aigus.)

Rafle, érafle.

gagne.

Les sons en *ame.*

Les manes.

Haine, glaive, gaine.

Nèfle, duègne, règne, reine, zèle.

Les sons en *ème* : *thème, système,* etc. l'e de *sème, deuxième,* etc. est moyen.

Scène, cène, et tous les noms propres en *ène* : *Athènes, Mécène,* etc.

Genève, Lodève, Ève, Sève.

Globe, lobe, doge, geole, mole.

Vole, dans tous les sens, a l'*o* aigu.

Les sons en *ome* et en *one. Rome* a l'*o* aigu.

Tope.

NASALES.

Des quatre nasales, trois appartiennent à la classe ascendante : *an, en, on,* et une seule, à la classe latérale : *un.*

Les voyelles nasales n'éprouvent guère d'accidents que celui d'être modifiées par le nez. Seulement si elles sont suivies d'une syllabe à *e* muet, celles de la classe ascendante sont

plus

plus graves : plante, hyacinthe, ombre. Et la nasale latérale est plus longue : défunte.

Je viens de fournir une carrière courte, mais pénible et hérissée d'épines. La dissection des sons présente des difficultés que l'oreille la plus exercée et la plus attentive ne lève qu'en tremblant. D'Olivet, le premier, a ouvert avec distinction la carrière prosodique ; il est appelé, à juste titre, le restaurateur de notre prosodie. Mais son traité sur la quantité de nos voix nous paroît vicieux, à quelques égards : il ne s'étend pas à tous les cas, il confond la classe latérale et la classe ascendante, il délaye sa doctrine quelquefois erronée, en cent soixante-trois règles. Je n'en présente que dix-huit, d'où, comme d'autant de faisceaux, sort une lumière pure qui éclaire toutes les syllabes de notre langue.

Mais une observation très-importante que j'adresse à ceux qui veulent sincèrement étudier notre prosodie, c'est qu'ils ne doivent pas s'en tenir à la simple lecture des applications, et des règles que j'en ai déduites. Il faut que, la plume à la main, ils notent la prononciation, d'après les modèles mis ici sous leurs yeux, en rapportant chaque syllabe à l'une des règles que j'ai établies.

T

Prenons pour exemple la première phrase du premier essai :

« Le peuple françois proclame , en présence de l'être suprême, la déclaration suivante des droits de l'homme et du citoyen. »

On écrira ainsi :

« Le peple frasè proclame , a prèzase de l'ètre suprème , la déclaràsio suivate dè droà de l'ome é du sitoaie. »

Puis on dira , en reprenant par syllabe chaque mot du texte , écrit d'après l'orthographe ordinaire :

Le , bref : l'*e* muet est bref, quelque part qu'il se trouve.

Peu , bref : les sons *i* , *u* , *eu* , *ou* , *ui* , précédant l'*e* muet accompagné , sont brefs.

Ple , bref : l'*e* muet est bref, quelque part qu'il se trouve.

Fran. La nasale n'éprouve d'autre accident que celui d'être modifiée par le nez.

Çois , grave : *ai* et *oi* , identiques d'*è* , suivis de *s* , *z* , *e* muet , sont graves.

Pro , aigu : les sons *a* et *o* suivis d'une syllabe masculine , sont aigus.

Clà, grave : les sons *a* et *o* précédant l'*e* muet accompagné, sont aigus, et le son *e*, moyen. Excepté les sons en *àme*, etc. qu'on prononce graves.

Me, bref : l'*e* muet est bref, quelque part qu'il se trouve.

An. La nasale n'éprouve d'autre accident que celui d'être modifiée par le nez.

Pré, long : *é* aigu suivi d'une syllabe masculine qui commence par *s* doux ou *z*, est long.

Sen. Les nasales ascendantes suivies d'une syllabe à *e* muet, sont graves.

Ce : *e* muet. L'*e* muet est bref, quelque part qu'il se trouve.

De : *e* muet, etc.

L'é, grave : les voyelles *a*, *e*, *o*, affectées de l'accent circonflexe, sont graves.

Tre : *e* muet, etc.

Su, bref : *i*, *u*, *eu*, *ou*, suivis d'une syllabe masculine, sont brefs.

Pré, grave : *a*, *e*, *o*, marqués de l'accent circonflexe, sont graves.

Me : *e* muet, etc.

La, aigu : *a* et *o* finals, sans consonne ou

T 2

avec une consonne nulle, autre que *s*, sont aigus.

Dé, aigu : les sons *a*, *o*, *é* marqué de l'accent aigu, suivis d'une syllabe masculine, sont aigus.

Cla, aigu : *a*, *é*, *o*, suivis d'une syllabe masculine, sont aigus.

Ra, grave : les syllabes où *a* et *o* sont immédiatement suivis de *sion*, *ssion*, *lion*, sont graves.

Ti, bref : les sons *i*, *u*, *eu*, *ou*, *ui*, suivis d'une syllabe masculine, sont brefs.

On. Les nasales n'éprouvent d'autre changement que celui d'être modifiées par le nez.

Sui, aigu : les sons *i*, *u*, *eu*, *ou*, *ui*, suivis d'une syllabe masculine, sont brefs.

Van, graves : les nasales ascendantes, suivies d'une syllabe féminine, sont graves.

Te : *e* muet, etc.

Des, grave : *mes*, *tes*, *ses*, *ces*, *les*, *dés*, *tu es*, *il est*, sont graves.

Droits, grave : les sons *a* et *o* finals, suivis de *s*, sont graves.

De ; *e* muet, etc.

L'hom, aigu : la consonne précédant l'*e*

muet accompagné rend aiguës les syllabes *a* et *o*, dont elle fait partie.

Me : *e* muet, etc.

Et, fermé : la consonne terminant une syllabe, rend l'*e* moyen, excepté *et*, etc.

Du, bref : les sons *i*, *u*, *ui*, *eu* et *ou*, dans la dernière syllabe, sont brefs.

Ci, les sons *i*, *u*, *ou*, *eu*, *ui*, suivis d'une syllabe masculine, sont brefs.

Toi, aigu : les sons *a*, *é*, *o*, suivis d'une syllabe masculine, sont aigus.

Ien, aigu : les nasales n'éprouvent d'autre changement que celui d'être modifiées par le nez.

On se livrera à cet exercice jusqu'à ce qu'on soit bien familiarisé avec la pratique de la prononciation notée, et les règles de notre prosodie. Ce travail peut paroître sans attrait, au premier coup d'œil ; mais on y trouvera, outre le charme inséparable de l'instruction, le plaisir inappréciable de faire des progrès rapides et sûrs dans cette partie de nos connoissances aussi importante que négligée. La déclamation théatrale, le débit oratoire, la lecture publique, la simple conversation commandent l'étude de notre prosodie, la connois-

sance parfaite du ton vrai de chaque syllabe.
L'emploi de brèves au lieu de longues, de
longues au lieu de brèves, la confusion des
sons aigus, graves ou moyens : toute émission
fausse rompt l'accord qui doit régner entre
le son et l'organe ; elle crispe l'oreille, qui,
chargée de porter à l'esprit les signes des pensées, les introduit avec peine, parce qu'ils se
présentent mal. On peut appliquer à toute
phrase parlée ces deux vers de Boileau :

> Le vers le mieux rempli, la plus noble pensée
> Ne peut plaire à l'esprit, quand l'oreille est blessée.

Tous les écrivains, poètes et prosateurs,
peuvent tirer un grand avantage de la prosodie.
Je ne veux pas ici transformer nos Lebrun et
nos Delille en Jodelle et en Baïf, et, partisan
des vers mesurés, m'égarant sur les pas de
Turgot, renouveler des prétentions auxquelles
s'opposera toujours le génie de notre langue,
trop féconde en brèves, trop stérile en inver-
sions, et dont la marche tantôt ascendante,
tantôt horizontale n'a rien de commun avec
la langue de Virgile et d'Homère. Mais si le
style s'embellit par les images, avec quel soin
l'écrivain ne doit-il pas saisir les beautés qui
résultent de l'harmonie imitative ! et multi-

pliant les longues ou les brèves, les voix sourdes ou éclatantes, ralentir ou précipiter les
sons, affoiblir ou fortifier les teintes, au gré
des objets qu'il veut peindre ! C'est en partie
aux savantes combinaisons prosodiques que
les vers de Racine et de Boileau doivent ce
charme que sait analyser l'homme instruit
dans sa langue, et qui se fait sentir à l'homme
vulgaire, quand même il ne peut pas en dé-
mêler l'artifice.

Le lecteur curieux verra sans doute avec
plaisir un échantillon de ces vers hexamètres
à la manière des latins, par le ministre Turgot. Il a traduit sur ce plan le début de l'É-
néide, l'épisode de Didon, et trois églogues.
Les vers ne sont pas rimés, ils marchent par
dactyles et par spondées. Cet essai n'a été
imprimé qu'au nombre de 15 exemplaires,
J'en ai un sous les yeux. Je transcris le commencement de la seconde églogue, traduite
de Virgile : *Formosum pastor Corydon.*

Brûlé de tous les feux de l'amour, Thyrsis aimoit Eglé,
Eglé, brillante d'appas, des beautés Eglé la plus belle,
Il l'aimoit sans espoir de retour ; mais consumé d'ennuis,
D'airs plaintifs, d'accents douloureux il remplissoit les bois.
Seuls sous leurs ombrages épais errant à l'aventure.

Par ces vers sans art, il cherchoit à tromper sa langueur.

« O dure, ô cruelle Eglé ! tu ris, tu dédaignes ma musette ;
Mes chansons, mes pleurs, mon amour ! cœur sans pitié, veux-tu,
Veux-tu ma mort ? hélas ! pasteurs et troupeaux, tout va chercher
Sur les bords des eaux, dans les bois, l'ombre et la fraîcheur.
Sous les ronces cachés, les lézards n'osent se montrer.
Les moissonneurs brûlés du soleil se reposent, et Myrta
Leur porte un rustique repas que le serpolet parfume.
Auprès de quelque buisson la cigale encor fait retentir
Ses cris importuns. Et moi, sans cesse on me voit errant
Sur tes pas, braver l'astre du jour dans son midi. Sans doute
Il valoit mieux languir sous l'impérieuse Amaryllis.
Il valoit mieux cent fois aimer Arténice. Arténice est brune,
Ton teint est plus blanc que la neige. O fille trop charmante,
Crois-en moins un vain coloris. On laisse se flétrir
Les lis sur leur tige superbe, et, pour orner la beauté,
On va cueillir l'obscure jacinthe au fond de la prairie.

J'oppose à cette traduction en vers françois métriques, une traduction que j'ai faite du même morceau en vers françois ordinaires, et le lecteur jugera par la comparaison des impressions laquelle des deux manières est préférable dans notre langue.

D'un amour sans espoir violemment épris,
Le tendre Corydon brûloit pour Alexis,
Superbe adolescent, délices de son maître.
Tous les jours, il venoit sous la voûte d'un hêtre ;
Là seul, aux monts déserts, aux bois retentissants
Sa voix jetoit sans art ces mots, jouets des vents :
O cruel Alexis, tu dédaignes ma lyre !
Ton cœur est insensible au mal qui me déchire.
J'en montrai.... L'ombre fraîche abrite les moutons,

Le

Le vert lézard a fui sous les épais buissons.
Thestyle, avec l'ail fort, le serpolet sauvage,
Broie un repas piquant au moissonneur en nage.
Seul avec la cigale, en proie aux feux brûlants,
Je te cherche et me mêle à ses rauques accents.
Malheureux! il valoit bien mieux que tu souffrisses
De ton Amaryllis le dédain, les caprices.
Et Ménalque..... Il est noir, je l'avoue, et le lis
Brille d'un pur éclat sur le front d'Alexis.
Jeune homme, la blancheur est une beauté vaine ;
On cueille le vaciet, on laisse le troène.

Nos anciens poètes faisoient des vers sur toute sorte de mesures latines. Voici une strophe en vers saphiques où Desportes, bravant la difficulté des chorées et des dactyles et celle de la rime, pour procurer sans doute deux plaisirs à l'oreille, a réussi à la déchirer doublement.

Si le - tout puis - sant n'éta - blit la - maison,
L'homme y - travail - lant se pei - ne outre - raison ;
Vous veil - lez sans - fruit, la ci - té dé - fendant,
Dieu ne la - gardant.

Qu'on chante cette strophe sur l'air de l'*iste confessor* du bréviaire romain, et l'oreille offensée repoussera cette forme métrique, inconciliable avec le génie de notre langue. Les tentatives de Turgot ne sont pas plus heureuses que celles de Baïf, de Jodelle et de Desportes.

Passons au troisième et dernier essai.

V.

STANCES

TIRÉES D'UNE ODE SUR DIEU.

ATOME d'un instant, poussière fugitive,
Homme né pour la mort, parle, as-tu fait les cieux?
As-tu dit à la mer : brise-toi sur ta rive?
As-tu dit au soleil : marche et luis sous mes yeux?

C'est un dieu qui l'a dit. Ce dieu de la pensée
N'a pas besoin d'autels, de prêtres ni d'encens.
Mais quelle ingratitude orgueilleuse, insensée,
Oseroit lui ravir tes vœux reconnoissants?

Et contre l'éternel un vermisseau conspire!
Et, rampant dans un coin de ce vaste univers,
L'homme chasseroit Dieu du sein de son empire!
Il nommeroit sagesse un délire pervers!

L'impie atteste envain le néant ou l'absence
D'un Dieu que les remords révèlent aux forfaits.
Et moi, j'ose attester l'invisible présence
D'un Dieu qu'à l'univers révèlent ses bienfaits.

Ces astres que tu vois, ce globe où tu respires,
Tes jours, ta liberté, sont l'œuvre de ses mains.

STANCES

TIRÉES D'UNE ODE SUR DIEU.

Atôme d'un esta, pusière fujitive,
Ome né pur la mor, parle, à-tu fé lè siẹ?
à-tu dit a la mèr: brize-toa sur ta rive?
à-tu dit ô solèl: marjẹ é lui sü mèz iẹ?

S'èt ẹ Diẹ ci l'a di. Se Diẹ de la pasée
N'a pà besoẹ d'òtél, de prètre ni d'asa.
Mè cèle egratitude orgéleze, esasée,
òzèré lui ravir tè vọ reconèsa?

é cotre l'éternèl ẹ vèrmisò cospîre!
é, rapa daz ẹ coẹ de se vasté univèr,
L'ome jasere Diẹ du se de son apîre!
Il nomeré sajése ẹ délire pérvèr!

L'epiẹ atéste avẹ le néat u l'absase
D'ẹ Diẹ ce lè remor révèlet ò forfè.
ó moà, j'òze atésté l'evizible prèzase
D'ẹ Diẹ c'a l'univèrz révèle sè biefè.

Sèz astre ce tu voà, se glòbe u tu réspîre,
Tè jur, ta liberté, sọ l'èvre de sè me.

V 2

Il tient du haut des cieux les rênes des empires,
Et veille avec amour sur les frêles humains.

Fuis, superstition ! tu l'armois du tonnerre ;
Ton ministre insensé lui prêtoit sa fureur.
Qui fait parler le ciel ment toujours à la terre,...
Et la terre encensoit l'imposture et l'erreur !

Quoi ! l'Europe à genoux trembla sous la tiare !
Et le pieux effroi des crédules mortels,
D'un pontife romain payant le luxe avare,
Brigua l'honneur honteux d'enrichir ses autels !

Tyran fourbe et sacré, fier d'une triple idole,
Toi qui vendis le ciel trop long-temps outragé,
Misérable imposteur, descends du capitole !.....
Le prêtre a disparu, l'éternel est vengé.....

Ah ! l'être indépendant, cause unique et féconde,
N'est point ce triple Dieu qu'enferme un ciel jaloux.
Père de la nature, il anime le monde ;
Nous respirons en lui, comme il respire en nous.

Non, Dieu n'existe point, s'il n'est pas dans notre ame ;
C'est là que retentit son immortelle voix.
Il habite les cœurs ; c'est là qu'en traits de flamme
Lui-même a su graver nos devoirs et ses lois.

Son culte est la vertu ; le juste est son image.
D'hypocrites mortels l'ont trop défiguré.

Il tiẹ du iȯ dè siẹ̀ lè rènè dèz àpïre,
E vèle avèc amur sur lè frèlèz umẹ.

Fui , supèrstïsiọ ! tù l'armè du tonère ;
Tọ ministre esasé lui prètè sa furẹr.
Cì fè parlé le siél mạ tujurz a la tère...
E la tère asasé l'eposture é l'èrrẹr !

Coa ! l'éropẹ a jenü trabla sü la tiàre !
E le piẹz èfroà dè crédule mortèl ,
D'ẹ pȯtifè romẹ pèia le lucsè avàre,
Briga l'onẹr ȯtẹ d'arijir sèz ȯtèl !

Tira furbe è sacré, fièr d'une triple idole,
'Toa ci vadi le sièl tro lo-tàz utrajé,
Mizérable epostẹr , dèsa du capitole.....
Le prètre a disparu , l'étèrnèl è vajé.

A ! l'ètre ẹdépadà , cȯze unice é fécọde ,
N'è poẹ se triple Diẹ c'afèrme ẹ sièl jalü.
Pèrè de la natüre , il anime le mọde ;
Nü rèspïroz a lui, come il rèspïre a nü.

Nọ, Diẹ n'égziste poẹ, s'il n'è pà dạ notre àme;
S'è la ce retati son immortéle vòà.
Il abite lè cẹr; s'è la c'a trè de flàme
Lui-mème a su gravé nȯ devoarz é sè loà,

Sọ culte è la vèrtu ; le juste è son imajẹ,
D'ipocrite mortèl l'ọ tro défiguré :

Ah ! pourvu que des cœurs il reçoive l'hommage,
Qu'importe sous quel nom ce Dieu soit adoré ?

C'est en face du ciel, devant l'Être des êtres,
Que tes législateurs ont détrôné les rois.
Toi-même, ô NATION ! libre enfin de tes prêtres,
Voulus qu'un Dieu présent sanctifiât tes droits.

A ce grand créateur, qui te nourrit, qui t'aime,
Tu ne réserves point un oubli criminel.
Pour régner sur les rois, sers bien ce roi suprême;
Tombe avec l'univers aux pieds de l'Eternel.

Inspiré par ce Dieu qu'indigne l'esclavage,
Peuple, relève-toi, pour frapper les tyrans.
De la Seine à jamais affranchis le rivage ;
Jurons la liberté sur leurs corps expirants.

Du Monarque éternel les nations sont filles.
Est-ce donc pour les rois qu'il créa l'univers?
Est-ce à leur fol orgueil, est-ce à quelques familles
Qu'il voulut asservir tant de peuples divers?

Le cèdre du Liban s'étoit dit à lui-même :
Je règne sur les monts, ma tête est dans les cieux,
J'étends sur les forêts mon vaste diadème,
Je prête un noble asile à l'aigle audacieux;

A mes pieds l'homme rampe.... Et l'homme, qu'il outrage,
Rit, se lève, et d'un bras trop long-temps dédaigné,

A ! purvu ce dè cęrz il reroave l'omaje,
C'eporte sū çèl no se Dię soat aɗoré ?

S'èt ą fase du siél, devą l'Etre dèz ètre,
Ce tè léjïslatęrz o détròné lè roà.
Toa-mème, ò nàsio ! libre afę de tè prètre,
Vulu c'ę Dię prēza sąctifià tè droà.

A se grą créatęr, ci te nuri, ci t'éme,
Tu ne rēzèrve poęt un ubli criminèl.
Pur réñé sur lè roà, sèr bię se roa suprème ;
Tobe avéc l'univèrz ò pié de l'éternèl.

espiré par se Dię, c'ędiñe l'ésclavaje,
Pęple, relève-toa, pur frapé lè tira.
De la Séné a jamèz afraji le rivaje ;
Juro la liberté sur lęr corz ècspirą.

Du monarce éternèl lè nàsio so file.
È-se do pur lè roà c'il créą l'univèr ?
È-se a'lęr fol orgęl, è-se a célce familę
C'il vulut asérvir tą de pęple divèr ?

Le sędre du Libą s'été dit a lui-mème :
Je rèñe sur lè mo, ma tète è dą lè siē ,
J'étą sur lè forè mo vaste diadème,
Je prète ę noble àzile a l'ègle òdasiē ;

A mè pié l'ome rape.... é l'ome, c'il ųtraje,

Ri, se lève, é d'ę brà tro lo-tą dédęñé,

Fait tomber sous la hache et la tête et l'ombrage
De ce roi des forêts, de sa chute indigné.

Vainement il s'exhale en des plaintes amères ;
Les arbres d'alentour sont joyeux de son deuil.
Affranchis de son ombre, ils s'élèvent en frères,
Et du géant superbe un ver punit l'orgueil.

LEBRUN, de l'inst. national.

FRAGMENTS
DE GUILLAUME TELL,

Tragédie de Lemière.

Scène 6 du 3ᵉ acte.

GUILLAUME Tell, par ordre de Gesler, venoit
d'abattre une pomme sur la tête de son fils. Gesler
l'arrête.

TELL.

Près de toi quel ordre encor m'enchaîne ?
Laisse-moi respirer de cette horrible scène.
Laisse sécher les pleurs qu'elle m'a fait verser,
Te montrer à mes yeux, c'est la recommencer.

GESLER.

Tu savois de Gesler quelle étoit la menace,
Tu savois à quel sort t'exposoit ton audace ;

Fé

Fé tobé su la «aje é la tète é l'obraje
De se roa dè forè, de sa jute ediñé.

Vénemat il s'égzale a dè-pletez amère,
Lèz arbre d'alatur so joaiẽ de so del.
Afraji de son obre, i s'élèvet a frère ;
é du jéa supérbe e vèr puni l'orgel.

Lebre, de l'estitu nasional.

F R A G M E N T S
DE GUILLAUME TELL,
Tragédie de Lemière.

Scène 6 du 3ᵉ acte.

Gilòme Tèl, par ordre de Gèslèr, vené d'abatre
une pome sur la tète de so fiz. Gèslèr l'àrète.

TELL.

Prè de toa, cèl ordre acor m'ajène ?
Lèse-moa rèspiré de sète orrible sène ;
Lèse séjé lè pler c'èle m'a fè vèrsé.
Te motrér a mèz iẽ s'è la recomasé.

GESLER.

Tu savè de Gèslèr cèle été la menase ;
Tu savèz a cèl sor t'ecspòzé ton òdase ;

X

J'ai fait ton châtiment seulement d'un danger,
Songe que d'autres coups auroient dû me venger,
Et, pour les jours d'un fils quand tu cesses de craindre,
Lorsque tu l'as sauvé, cesse enfin de te plaindre.

TELL.

Oui, oui, je l'ai sauvé, j'étois sûr de ma main;
Crois-tu, si du succès je n'eusse été certain,
Que je t'eusse obéi? Barbare! Ah ciel! insulte,
Insulte à ma tendresse, à mes sens en tumulte;
Mets ton indigne joie à retourner, cruel,
Le trait encor resté dans ce sein paternel.
Tigre, qui de mon sang brûlois de te repaître,
Assassin de mon fils autant que tu peux l'être,
Ta fureur espéroit qu'un coup-d'œil incertain,
Que la nature même égareroit ma main;
Le ciel n'a pas voulu que mon fils fût ta proie,
Le ciel voulut t'ôter cette barbare joie.....
Laisse-moi m'éloigner, rends-moi ma liberté.

GESLER.

A toi qui me bravois, dont la témérité....
Est-ce là ton attente? Est-ce là ma promesse?

TELL.

Quel est ce nouveau trait de ta scélératesse?
Perfide! Quels sont donc ces indignes détours?
Que prétends-tu?

GESLER.

D'un fils tu conserves les jours,

J'é fè to jàtima selema d'o dajé,
Sojé ce d'òtre cũz òrè du me vajé;
é, pur lè jur d'e fiz ca tu sèse de credre,
Lorsee tu l'à sòvé, sèse afe de te pledre.

TELL.

ui, ui, je l'é sòvé, j'été sūr de ma me;
Croà-tu, si du sucsè je n'ūse été sérte,
Ce je t'ūse obéi?.... Barbàre! a siél! esulte,
esulte a ma tadrèse, a mè saz a tumulte;
Mè ton ediñe joàe a returné, cruèl,
Le trèt acor résté da se se patérnél.
Tigre, ci de mo sa brūlè de te repètre,
Asase de mo fiz, òta ce tu pē l'ètre,
Ta furer espéré c'e cu d'el esérte,
Ce la natūre mème é àreré ma me.
Le siél n'a pà vulu ce mo fiz fū ta proàc,
Le siél vulu t'òté séte barbàre joàc.....
Lèse-moa m'éloañé, ra-moa ma libërté.

GESLER.

À toa ci me bravè, do la témérité....
È-se la ton atate? è-se la ma promése?

TELL.

Cél è se nuvò tré de ta sélératèse?
Pérfide, cél so do sèz ediñe détur?
Ce préta-tu?

GESLER.

D'e fiz tu cosérve lè jur,

X 2

Je veux bien t'épargner, après ton insolence,
Tu m'outrageas, tu vis, rends grace à ma clémence.

TELL.

Ta rage me confond.... O sort! ô vœux trahis!

GESLER.

Mais quelle flèche vois-je encor sous tes habits?
Traître, tu la cachois; qu'en prétendois-tu faire?

TELL.

Ce que j'en aurois fait!

GESLER.

Oui, réponds, téméraire.

TELL.

Si mon malheureux fils eût péri par ma main,
La flèche que tu vois t'auroit percé le sein,

(*Gesler lui arrache la flèche*).

Et, de son meurtrier punissant la furie,
J'eusse encor d'un tyran délivré ma patrie.

GESLER.

Qu'on le charge de fers, qu'on l'ôte de mes yeux;
Allez, délivrez-moi de cet audacieux.
J'ordonnerai bientôt le châtiment du traître;
Il servira d'exemple.

TELL (*à part.*)

Et d'époque peut être.

Je vẽ biẹ t'éparñér aprè ton ẹsolaṣe;
Tu m'ụtrajà, tu vi, rạ gràse a ma clémaṣe.

TELL.

Ta raje me cọfọt.... ô sort! ô vẽ trai!

GESLER.

Mè céle fléje ạcor voà-jẹ sū̃ tèz abi?
Trètre, tu la cajè, cạ prétạdè-tu fère?

TELL.

Se ce j'ạn òrè fë!

GESLER.

ụi, répọ, témérère.

TELL.

Si mọ malẹrẽ fiz ū̃ péri par ma mẹ,
La fléje ce tu voà t'òrè pérsé le sẹ.

(Géslèr lui arraje la fléje)

é, de sọ mẹrtrié punisạ la furīe,
J'ūse ạcor d'ẹ tirạ délivré ma patrīe.

GESLER.

C'ọ le jarje de fèr, c'ọ l'òte de mèz iẽ;
Alé, délivré-moa dẹ set òdasiẽ.
J'ordọneré biẹtò le jàtimạ du trètre;
Il sèrvira d'ègzạple.

TELL (a par.)

E d'époce pọt-ètrẹ.

Scène 5 du dernier acte.

GESLER, *gravissant le long des rochers.*

Cherchons Tell, que le traître aux supplices en
proie....

TELL, *paraissant sur les rochers opposés,*
et tirant une flèche sur Gesler.

Reconnois Tell, barbare, à la mort qu'il t'envoie.

GESLER, *tombant.*

Sort cruel!

CLÉOFÉ.

Cher époux!

TELL, *sur le haut des rochers, à pleine voix.*

Liberté! liberté!
Regardez, peuple, amis, le coup que j'ai porté;
Sur ce rocher sanglant ma victime étendue;
Voyez la tyrannie avec elle abattue....
Albert va nous poursuivre et venger son trépas;
Mais, nés républicains, nous sommes tous soldats;
Aisément la valeur sur le nombre l'emporte,
Contre ses ennemis la Suisse est assez forte.
Vous voyez tous ces lacs dont ces lieux sont coupés,
Ces chaînes de rochers et ces monts escarpés,
Boulevars des cantons, abris de nos campagnes;
Albert ne peut percer jusque dans nos montagnes,

Scène 5 du dernier acte.

———

GESLER (gravisa le lọ dè rojé).

jèrjọ Tèl, çe le trètre ò suplisez a proàe.....

TELL (parèsa sur lè rojéz opòzé, é tirạt
une fléje sur Gèslèr.)

Reconè Tèl, barbàre, a la mor c'il t'avoàe.

GESLER, tọbạ.

Sor cruél !

CLÉOFÉ.

jèr épū !

TELL (sur le ‹ò dè rojé, a pléne voà.)

Libérté ! libérté !

Regardé, pẹple, ami, le cu ce j'é porté,
Sur le rojé sạglạ ma victime étạdūe ;
Vọaié la tiranīe avéc èle abatūe....
Albèr va nū pụrsuivre, é vajé sọ trépà ;
Mè, né républicẹ, nū some tūz soldà.
Ézéma la valẹr sur le nọbre l'aporte ;
Cọtre sèz énemi la Suise èt asé forte.
Vū voaié tū lè lac dọ sè liẹ sọ cụpé,
Sè jầne de rojéz, é sè mọz éscarpé,
Bụlevar dè cạtọz, abri de nò capầne ;
Albèr ne pẹ pèrsé jusce dạ nò mọtầne,

Que par des défilés qui serrent nos vallons.
Avant leur arrivée, emparons-nous des monts;
De nos mains ébranlons des roches toutes prêtes,
Qui, dès qu'ils paroîtront, rouleront sur leurs têtes;
Le trouble et le désordre une fois dans leurs rangs,
Tombons, fondons sur eux, ainsi que des torrents;
Que la flèche et l'épée, étendant le ravage,
Des bataillons rompus fasse un vaste carnage,
Qu'il ne leur reste enfin, pour arrêter nos coups,
Que leurs débris sanglants semés entre eux et nous.

MELCHTAL.

Brave Tell, ton discours, comme des traits de
    flammes,
Tu le vois dans leurs yeux, vient d'embraser leurs
    ames.
La victoire ou la mort....

TELL.

           C'est un vœu trop commun,
Ce sont deux sentiments; peuple, n'en ayons qu'un,
Braver le sort n'est rien, il faut qu'on le décide;
La fortune seconde une audace intrépide.
Qui veut vaincre ou périr, est vaincu trop souvent.
Jurons d'être vainqueurs, nous tiendrons le serment.

Ce

Ce par dè défilé ci sère nò valo.

Ava lẹr arivēe, aparọ-nū dè mọ ;

De nò mẹz ébralọ dè rọje tụte prète ,

Ci, dè c'i parètrọ, rūlerọ sur lẹr tète.

Le trụble é le dēzordre ūne foà da lẹr ra,

Tọbọ, fọdọ sur ēz, esi ce dè torra.

Ce la flẹje é l'épēe, étạda le ravaje,

Dè batalọ ropụ fase ẹ vaste carnaje ;

C'il ne lẹr rèste afẹ, pụr arrèté nò cū,

Ce lẹr débri sạgla sémẹz ạtre ēz é nū.

M E L C H T Á L.

Brave Tèl, tọ discụr, come dè trè de flàme,

Tu le voà da lẹrz iẹ, viẹ d'ạbrãzé lẹrz àme.

La victoàre ụ la mor....

T E L L.

S'èt ẹ, vẹ tro comẹ,

Se sọ dē sạtima ; pẹple, n'an éiọ c'ẹ.

Brayé le sor n'è riẹ, il fò c'ọ le déside ;

La fortune segọde ụne òdase ẹtrépide.

Ci vẹ vẹcre ụ périr, è vẹcu tro suva.

Jurọ d'ètre vẹcẹr, nū tiẹdrọ le sérima.

Y

FRAGMENT

DE BRUTUS, Tragédie de Voltaire.

Scène 7 du dernier acte.

Titus, *dans le fond du théatre, avec des licteurs.*

RROCULUS.

LE voici.

TITUS.

C'est Brutus ! ô douloureux moments !
O terre, entr'ouvre-toi sous mes pas chancelants !
Seigneur, souffrez qu'un fils....

BRUTUS.

Arrête, téméraire.
De deux fils que j'aimai les dieux m'avoient fait père,
J'ai perdu l'un. Que dis-je? ah ! malheureux Titus !
Parle, ai-je encor un fils ?

TITUS.

Non, vous n'en avez plus....

BRUTUS.

Réponds donc à ton juge, opprobre de ma vie !

(*Il s'assied*).

Avois-tu résolu d'opprimer ta patrie,
D'abandonner ton père au pouvoir absolu,
De trahir tes serments?

F R A G M E N T

DE BRUTUS, Tragédie de Voltaire.

———

Scène 7 du dernier acte.

Titus, dạ le fo du téàtre, avéc dè lictẹr.

PROCULUS.

Le voàsi.

TITUS.

S'è Brutuz! ọ dulurẹ momạ !
ò tère, àtrụvre-toa sụ̈ mè pạ̈ jasela !
Séñẹr, sụfré c'un fiz....

BRUTUS.

àrète, témérère,
De dẹ fiz ce j'ẹmé lè Diẹ̃ m'avẹ fè père,
J'é pérdu l'ẹ. Ce dī-je? à ! malẹrẹ̃ Tituz !
Parle, ē-je açor ẹ fiz ?

TITUS.

Nọ, vụ̈ n'an avé plu....

BRUTUS.

Répọ dọc à tọ juje, oprobre de ma vĩe !

(Il s'asiẹ.)

Avè-tu rēzolu d'oprimé ta patrĩe,
D'abạdọ̈né tọ père ò puvoar absolu,
De traïr tè sermạ ?

Titus.

Je n'ai rien résolu.
Plein d'un mortel poison, dont l'horreur me dévore,
Je m'ignorois moi-même, et je me cherche encore ;
Mon cœur, encor surpris de son égarement ,
Emporté loin de soi , fut coupable , un moment.
Ce moment m'a couvert d'une honte éternelle,
A mon pays , que j'aime, il m'a fait infidèle.
Mais , ce moment passé , mes remords infinis
Ont égalé mon crime, et vengé mon pays.
Prononcez mon arrêt. Rome, qui vous contemple,
A besoin de ma perte , et veut un grand exemple ;
Par mon juste supplice il faut épouvanter
Les Romains , s'il en est qui puissent m'imiter.
Ma mort servira Rome, autant qu'eût fait ma vie ,
Et ce sang , en tout temps utile à sa patrie,
Dont je n'ai qu'aujourd'hui souillé la pureté ,
N'aura coulé jamais que pour la liberté.

Brutus.

Quoi ! tant de perfidie avec tant de courage !
De crimes, de vertus , quel horrible assemblage !
Quoi ! sur ces lauriers même, et parmi ces drapeaux,
Que son sang à mes yeux rendoit encor plus beaux !...
Quel démon t'inspira cette horrible inconstance ?

Titus.

Toutes les passions : la soif de la vengeance,
L'ambition , la haine , un instant de fureur....

T i t u s .

Je n'é rie rēzolü.

Ple d'e mortèl poàzo, do l'orrer me dévòre,
Je m'iñorè moa-mème, é je me jèrje acore.
Mo cer, acor surpri de son égarema,
aporté loe de soa, fu cupable, e moma.
Se moma m'a cuvèr d'une cote étèrnéle;
A mo péi, cé j'eme, il m'a fèt ehdéle.
Mé se moma pasé, mè remorz ehni
ot égale mo crime, é vajé mo péi.
Pronose mon âre Rome, ci vu cotaple,
A bezoe de ma pèrte, é vet e grat ègzaple.
Par mo juste suplise il fòt épuvaté
Lè Rome, s'il an'è ci puise m'imité.
Ma mor sèrvira Rome, ota c'ü fè ma vīe,
é se sac, a tu taz utile a sa patrīe,
Do je n'é c'òjurd'ui sulé la pureté,
N'òra culé jamè ce pur la libèrté.

B r u t u s .

Coa! ta de pèrfidie avèc ta de curaje!
Dé crime, de vertu, cèl orrible asablaje!
Coa! sur sè lòrie mème, é parmi sè drapò,
Ce so sac a mèz ie radèt acor plu bò!....
Cèl démo t'espira sete orrible ecostase?

T i t u s .

Tute lè pàsio : la soaf de la vajase,
L'abisio, la cène, un esta de furer,

BRUTUS.

Achève, malheureux!

TITUS.

Une plus grande erreur,
Un feu qui de mes sens est même encor le maître,
Qui fit tout mon forfait, qui l'augmente peut-être.
C'est trop vous offenser par cet aveu honteux;
Inutile pour Rome, indigne de nous deux.
Mon malheur est au comble, ainsi que ma furie;
Terminez mes forfaits, mon désespoir, ma vie,
Votre opprobre et le mien. Mais, si dans les combats,
J'avois suivi la trace où m'ont conduit vos pas,
Si je vous imitai, si j'aimai ma patrie,
D'un remords assez grand si ma rage est suivie....

(*Il se jette à genoux*).

A cet infortuné daignez ouvrir les bras;
Dites du moins : mon fils, Brutus ne te hait pas.
Ce mot seul, me rendant mes vertus et ma gloire,
De la honte où je suis défendra ma mémoire.
On dira que Titus, descendant chez les morts,
Eut un regard de vous, pour prix de ses remords;
Que vous l'aimiez encore, et que, malgré son crime,
Votre fils dans la tombe emporta votre estime.

BRUTUS.

Son remords me l'arrache. O Rome! ô mon pays!...
Proculus.... à la mort que l'on mène mon fils.
Lève-toi, triste objet d'horreur et de tendresse!

B R U T U S.

Ajève, malerę !

T I T U S.

      Une plu grade érrer,
ę fę ci de mè saz è même acor le mètre,
Ci fi tu mo forfè, ci l'ogmate pęt-ètre.
S'è tro vūz ofasé par set avę cotę,
Inutile pur Rome, ędiñe de nū dę.
Mo maler èt ò coble, ęsi ce ma furīe.
Tèrminé mè forfè, mo dēzèspoir, ma vīe,
Votre oprobre é le mię. Mè, si da lè cobà,
J'avè suivī la trase u m'o codui vò pà,
Si je vūz imité, și j'émé ma patrīe,
D'ę remor asé gra si ma raje è suivīe....

      (Il se jéte a jenū.)

A set ęfortuné dēñéz uvrir lè brà ;
Dite du moe : mo fiz, Brutuz ne te cé pà.
Se mo sęl, me rada mè vértuz é ma gloàré,
De là cotę u je sui défadra ma mémoàre.
o dirà oe Tituz, dèsada jé lè mor,
Ut ę regar de vū, pur pri de sè remor ;
Ce vū l'émiéz acòre, é ce, malgré so crime,
Votre fiz da la tobe aporta votre éstime.

B R U T U S.

Sò remor me l'arraję. ò Rome ! ò mo péi !...
Proculuz.... a la mor ce l'o méne mo fiz,
Lève-toa, triste objè d'orrer é de tadrèse !

Lève-toi, cher appui qu'espéroit ma vieillesse :
Viens embrasser ton père.... il t'a dû condamner ;
Mais, s'il n'étoit Brutus, il t'alloit pardonner.
Mes pleurs, en te parlant, inondent ton visage...
Va, porte à ton supplice un plus mâle courage ;
Va, ne t'attendris point, sois plus romain que moi,
Et que Rome t'admire, en se vengeant de toi.

TITUS.

Adieu, je vais périr, digne encor de mon père.

(On l'emmène.)

PROCULUS.

Seigneur, tout le sénat, dans sa douleur sincère ;
En frémissant du coup qui doit vous accabler...

BRUTUS.

Vous connoissez Brutus, et l'osez consoler !
Songez qu'on nous prépare une attaque nouvelle ;
Rome seule a mes soins, mon cœur ne connoît qu'elle.
Allons, que les Romains, dans ces moments affreux,
Me tiennent lieu du fils que j'ai perdu pour eux ;
Que je finisse au moins ma déplorable vie,
Comme il eût dû mourir, en vengeant la patrie.

———————

Après les beaux morceaux qu'on vient de lire,
me sera-t-il permis de soumettre ici à ma notation
prosodique quelques couplets, forts, sinon de poé-

Lève-toa,

Lève-toa, jèr apui c'éspéré ma viélése....
Viez, abrase to père.... Il t'a du codàné...
Mè, s'il n'étë Brutuz, il t'alé pardoné...
Mè plerz, a te parlat, inode to vizaje.
Va, porte a to suplisé e plu màle curaje.
Va, ne t'atadri poe, soà plu rome ce moa,
é ce Rome t'admīre, a se vaja de toa.

T ɪ ᴛ ᴜ s.

Adie, je vè périr, diñe acor de mo père.

(o l'améne.)

P ʀ ᴏ ᴄ ᴜ ʟ ᴜ s.

Séñer, tu le séna, da sa duler sesère,
a frémisa du cu ci doa vuz acàblé....

B ʀ ᴜ ᴛ ᴜ s.

Vu conèsé Brutuz, é l'òzé cosolé!
Sojé c'o nu prépàre une atace nuvéle.
Rome sele a mè soe, mo cer ne conè c'éle.
Alo, ce lè Rome, da sè momaz afre,
Me tiène lie du fiz ce j'é pérdu pur e;
Ce je finise ò moe ma déplorable vīe,
Come il u du murir, a vaja la patrīe.

———————

Aprè lè bò morsò c'o vie de līre, mè sera-t-il
pèrmi de sumètré isi a ma notàsio pròzodice célce
cuplè, for, sino de poëzie, du moe de patriotisme?

Z.

sie, du moins de patriotisme ? J'étois à Bayeux, dans le Calvados, lorsque quelques voiles angloises parurent menacer les côtes de Cherbourg. Il s'agissoit d'exciter les Normands à prendre les armes, pour repousser la descente que les Anglois sembloient méditer en pleine paix.

HYMNE

Aux Citoyens de la ci-devant Normandie.

Sur l'air : Des Marseillois.

Hé quoi! partageant la démence
Des despotes et des pervers,
Le tyran d'Albion s'avance,
Et ses mâts insultent nos mers!
Ses foudres, oppresseurs des ondes,
Et dont l'orgueil arma l'erreur,
Viennent, répandant la terreur,
Menacer nos rives fécondes...
Aux armes, citoyens! Francs du Nord, levez-vous!
Frappez, le léopard doit tomber sous vos coups.

Voyez-vous, par un crime insigne,
Livrés aux feux dévastateurs,
Vos arbres, rivaux de la vigne,
Vos moissons, vos toits protecteurs?
Dieux! ces farouches insulaires,
Bien plus pirates que guerriers,

J'étèz a Baię, dạ le Calvadoz, lorsce célce voalez aglèze parūre menasé lè còte de jèrbụr. Il s'ajisé d'écsité lè Normạz a prạdre lèz arme, pụr repụsé la désạte ce lèz aglè sạblè méditér ạ plène pè.

HYMNE

Aux Citoyens de la ci-devant Normandie.

Sur l'air : Des Marseillois.

é coa! partajạ la démạse
Dè dèspotez é dè pèrvèr,
Le tirạ d'Albiọ s'avạse,
é sè màz ẹsulte nò mèr!
Sè fụdrez, oprèsẹr dèz ọde,
é dọ l'orgẹl armạ l'èrrẹr,
Viène, répạdạ la tèrrèr,
Menasé nò rīve fécọde....
ȏz arme, sitòaię! Frạ du Nòr, levé-vụ!
Frapé, le léopar doa tọbé sụ̄ vò cụ.

Voaié-vụ̄, parꞋ ẹ crime ẹsiñe,
Livréz ò lẹ dévastatẹr,
Vòz arbre, rivò de la viñe,
Vò moasọ, vò tọà protéctẹr?
Dię! sè fạrujez ẹsulère,
Bię plu pirate ce gérié,

Ravissent vos brillants coursiers,
Vos bœufs, vos vaches nourricières....
Aux armes, citoyens! Francs du Nord, levez-vous!
Frappez, le léopard doit tomber sous vos coups.

Epoux, ta compagne chérie,
Roule dans les flots de son sang..
Mère, tu vois trancher la vie
De l'enfant qu'a porté ton flanc...
Amant, la vierge consacrée
A parer ton lit nuptial,
Sous l'effort de l'anglois brutal,
Tombe à tes pieds, déshonorée....
Aux armes, citoyens! Francs du Nord, levez-vous!
Frappez, le léopard doit tomber sous vos coups.

Les voyez-vous ces fers qu'on forge
Pour enchaîner notre fierté?
Connois mieux, trop aveugle George,
Les enfants de la liberté.
De quelques rois la ligue impie
Ne vaincra pas le souverain.
Qu'un effort injuste soit vain,
Et que leur ruine l'expie....
Aux armes, citoyens! Francs du Nord, levez-vous!
Frappez, le léopard doit tomber sous vos coups.

Déja, dans tous les cœurs, bouillonne
Le courage, amant des combats;

Ravise vò brila cursié,
Vò bẹ, vò vaje nurisière....
òz arme, sitoaie! Frạ du Nor, levé-vụ!
Frapé, le léopar doa tọbé sụ vò cụ.

épụ, ta copañe jérīe,
Rụle dạ lè flò de sọ sạ..
Mère, tu voà trajé la vīe
De l'ạfạ c'a porté tọ flạ...
Amạ, la viérje cọsacrēe
A paré tọ li nupsiạl,
Sụ l'éfor de l'aglè brutal,
Tọbe a tè pié, dēzonorēe....
òz arme, sitoaie! Frạ du Nor, levé-vụ!
Frapé, le léopar doa tọbé sụ vò cụ.

Lè yoaié-vụ sè fèr c'ọ forje
Pur ajèné notre fièrté?
Conè miẹ, trop avẹgle Jorjẹ,
Lèz afạ de la libèrté.
De cèlce roà la lige epīe
Ne vẹcra pà le sụverẹ.
C'un èfort ejuste soa vẹ,
é ce lẹr ruine l'écspīe....
òz arme, sitoaie! Frạ du Nor, levé-vụ!
Frapé, le léopar doa tọbé sụ vò cụ.

Déja, dạ tụ lè cẹr, bụlone
Le cụraje, amạ dè cọbà.

Je vois, et l'anglois en frissonne,
Des héros dans tous nos soldats.
De la valeur de nos ancêtres
L'éclat ne sera point terni;
Souvenons-nous que Formigni
Fut engraissé du sang des traîtres.
Aux armes, citoyens! Francs du Nord, levez-vous!
Frappez, le léopard doit tomber sous vos coups.

O France! ô toi, mère adorée,
Qui tiens dans tes immenses bras
L'Est, le Nord, où souffle Borée,
L'Occident, les brûlants climats:
Souris à notre ardeur guerrière,
Jette un regard sur tes enfants,
Et les esclaves des tyrans
Boiront à longs traits l'onde amère.
Aux armes, citoyens! Francs du Nord, levez-vous!
Frappez, le léopard doit tomber sous vos coups.

Fin du troisième et dernier essai.

N. B. Un moyen sûr de parvenir en peu de temps à une prononciation correcte, c'est de noter soi-même les différents morceaux que j'ai notés, de conférer son travail avec le mien, et de rapporter les faits particuliers aux règles générales.

Je voàz, é l'aglèz a frisone,
Dè «érò da tŭ nò soldà.
De la valę̧r de nòz asètre
L'écla ne sera poę̧ tèrni ;
Sŭveno-nŭ ce Formiñi
Fut agrèsé du sa dè trètre.
òz arme, sitoaię̧ ! Fra du Nor, levé-vŭ !
Frapé, le léopar doa tobé sŭ vò cŭ.

'O Frase ! o toa, mère adorēe ,
Ci tię da tèz immase brà
L'èst, le Nor, u sufle Borēe,
L'Ocsida., lè brūla climà :
Sŭriz a notre ardę̧r gèrière,
Jète ę̧ regar sur tèz afa ;
é lèz esclàve dè tira
Boarọt a lọ trè l'ọde amère.
òz arme, sitoaię̧ ! Fra du Nor, levé-vŭ !
Frapé, le léopar doa tobé sŭ vò cŭ.

Fę̧ du troàzième é dèrniér ésé.

N. B. ę̧ moaię̧ sūr de parvenir a pę̧ de taz a une
pronọsiàsiọ corrécte, s'è de noté soà-mème lè di-
féra morsò ce j'è noté, de cọféré sọ traval avéc le
mię̧, ó de raporté lè fè partiɐuliéz ò régle jénérale.

LECTURE
DES MOTS ET DES PHRASES.

Lorsqu'on sait donner à chaque lettre le son qui lui convient, et à chaque syllabe le ton prosodique qui la caractérise, on a déjà fait de grands progrès dans la lecture.

Les mots sont soumis à deux règles. La première est que les mots ordinaires sortent avec clarté, aisance et précision. Les émissions sourdes nuisent à l'effet qu'on se propose, celui de se faire entendre. Les émissions embarrassées fatiguent l'auditeur plus peut-être que le lecteur même. Les émissions lâches détendent l'esprit qui se détache d'un discours qu'il faut attendre trop long-temps.

Il est une seconde règle qui est dictée par le goût; c'est d'appuyer sur les mots saillants de la phrase, non-seulement pour rompre la monotonie, mais pour porter à l'auditeur le trait qui s'adresse à son esprit, à son imagination, à son cœur.

Dans cette épitaphe du maréchal de Lowendal:

> Ci gît un des plus grands héros
> Qui jamais ait servi la France,
> Et qui laissa de sa vaillance
> Plus d'envieux que de rivaux.

C'est

C'est sur *envieux* et sur *rivaux* qu'il faut appuyer avec noblesse, mais sans éclat.

Dans la jolie fable du cerf-volant, de Fumars, l'aigle dit à l'oiseau prétendu :

> ......Etranger assez leste,
> Je t'aurois cru né dans ces lieux ;
> Mais ce ton insolent, que tout vrai grand déteste,
> Ce fil un peu terreux à ta suite emporté,
> Ont démenti ton air céleste,
> Et m'ont appris la vérité.

Ton insolent, un peu terreux, réclament l'appui de la voix. *Un peu terreux* sur-tout est une image qu'il seroit intolérable de ne pas faire sentir plus particulièrement, en le prononçant avec le sourire du mépris.

Un de nos poètes, en parlant des richesses qui furent portées au trésor public, dans la dernière guerre, s'écrie :

> O citoyens couverts d'une gloire immortelle !
> Si l'avenir frappé d'une image si belle,
> Demande quels grands cœurs illustrent ces bienfaits ;
> Vérité, par ma voix, réponds : tous les François.

Tous les françois doit être prononcé d'un ton plus haut que le reste. Cette émission doit porter dans les cœurs l'amour de la patrie et

A a

l'attendrissement. Vous avez mal lu, si vous n'avez fait verser des larmes.

Au reste, appuyez diversement, suivant les diverses circonstances ; que votre voix flexible se monte à tous les tons, pour exprimer tous les sentiments, pour peindre toutes les images. Protée revêtoit mille formes pour effrayer ; imitez ses métamorphoses pour séduire.

Passons à la lecture des phrases.

Lire une phrase, c'est la ponctuer par la voix ; comme ponctuer une phrase, c'est l'articuler par la ponctuation.

La ponctuation est le flambeau de la lecture. Les signes dont elle se sert sont le fil qui guide le lecteur dans le dédale des périodes. Otez-en la ponctuation, il n'y a plus d'issue ; c'est un chaos inextricable.

La virgule annonce une petite pause ; le point et-virgule, une pause un peu plus grande, et ainsi proportionnément du point et-virgule aux deux points, des deux points au point, du point au petit *alinéa*, et de celui-ci au grand. Voici un exemple où se trouvent ces différents signes.

Le passage de la mer rouge.

Les hébreux, dont le ciel vouloit briser les fers,
Fuyoient, loin du tyran, la triste servitude.
  Ils sentent, à l'aspect des mers,
  Renaître leur incertitude.

Moïse entend déja ces murmures nouveaux :
Devois-tu nous conduire à ces affreux abymes ?
  Et l'Egypte, pour ses victimes,
  Eût-elle manqué de tombeaux ?

  Ingrats, que vos plaintes finissent ;
  Reprenez un plus doux espoir.
  Il est un souverain pouvoir
  A qui les ondes obéissent.

  Il s'arme pour votre secours.
  Les flots ouverts vont vous apprendre
  Que la main qui régla leur cours,
  A le pouvoir de les suspendre.

Moïse donne l'ordre à ces flots en courroux...
  Ils se calment, ils se séparent ;
Pour Israël surpris ils s'ouvrent, et préparent
Un immense cercueil à ces tyrans jaloux.

  Ciel ! quel prodige ! quel spectacle !
On voit au sein des mers flotter ses étendards ;
  L'onde qu'il croyoit un obstacle
Se partage, s'écarte et lui sert de remparts.
Que fera le tyran, témoin de ce miracle ?

Le trouble et l'horreur
Règnent dans son ame ;
L'aveugle fureur
L'irrite et l'enflamme.
Il ose tenter
Le même passage ;
Mais envain sa rage
Cherche à se flatter.
Peut-il éviter
Le cruel naufrage
Qui va l'arrêter ?

La mer, pour engloutir son armée insensée,
   A réuni ses flots vengeurs,
Et, la montrant au loin flottante, dispersée,
Des débris des vaincus assouvit les vainqueurs.

Peuples, chantez la main puissante
Qui pour vous enchaîne les mers.
Que de la trompette éclatante
Le bruit se mêle à vos concerts,
Et faites retentir les airs
De votre fuite triomphante.

La virgule, avons-nous dit, annonce une petite pause ; mais il y a souvent des repos sans virgule, quoiqu'il n'y ait point de virgule sans repos. Cette assertion présente deux parties qu'il est important d'examiner.

1°. Tout ce qui est fait pour être prononcé est du ressort de l'oreille, juge absolu. Ses lois ont enfanté le langage des dieux, et poli celui des hommes ; la prose y est soumise aussi bien que les vers. Ce n'est pas ici le lieu de parler de cet heureux mélange de sons agréables qui constituent la mélodie , ni de cette harmonie imitative qui peint avec des sons. Notre but n'est pas de former l'écrivain; nous annonçons seulement à quiconque veut lire, les décisions de l'oreille sur les repos.

Nous avons observé que l'oreille est blessée, lorsqu'en lisant, on prononce plus de huit syllabes , sans prendre haleine.

Nous savons que de bons poumons peuvent fournir une tenue plus longue ; mais ils ne la fourniront pas long-temps : on finira par être essoufflé. Cela est si vrai que nos vers de douze syllabes ont un repos à la sixième, et nos vers de dix, à la quatrième. Et cette règle est le fruit, non d'un caprice vain, mais d'un besoin réel. Nos vers de huit, au contraire, ne sont point asservis à un repos local. Cependant les plus harmonieux en ont un, au gré du poëte. Nous sommes même persuadés qu'il n'y a point de langue dont la versification ne ménage des pauses à la voix, pour procurer du plaisir à l'oreille.

Cet effet nous a paru sûr, tâchons d'en dé-
mêler la cause.

La respiration, cette fonction vitale confiée
aux poumons, ne peut rester long temps oi-
sive. Or l'émission des syllabes la suspend; on
ne peut, à la fois, respirer et parler. Il suit
que, si la voix a une tenue trop longue, la
nécessité de respirer précipite et gêne la prononciation. Cette contrainte de la voix est le
fléau de l'oreille. Rien ne la flatte plus au contraire que l'aisance, fruit heureux des pauses.
Nous croyons même sentir que le plaisir de
l'oreille est à raison du nombre des repos.
Ainsi, quoiqu'on ne doive pas excéder huit
syllabes, sans prendre haleine, on peut, avant
ce nombre, respirer avec grace.

De tout cela il est aisé de conclure que les
repos, indiqués par le mécanisme de la respiration, n'ont pas toujours besoin de l'être
par la virgule.

2°. Il n'y a point de virgule sans repos.
Puisque les suspensions sont une source de
plaisir, et qu'il doit y en avoir même sans la
virgule, à plus forte raison avec elle. La virgule annonce qu'il faut détacher des mots
qu'on pourroit prononcer d'une manière in-

divisible. Or on ne peut détacher des mots sans un silence , quelque petit qu'il soit. La méthode contraire produit des enjambements vicieux. Elle unit les signes des idées , tandis que les idées sont distinctes. L'articulation exacte des sens partiels jette le plus grand jour sur le sens total. Elle prouve l'intelligence du lecteur, et fait le charme de la lecture.

Des passages divers distinguez les nuances ;
Ponctuez les repos , observez les silences.

DORAT.

Une attention qu'il faut avoir, pour éviter les contre sens , c'est d'embrasser le plus de mots qu'il est possible, et de ne lire de bouche qu'après avoir lu des yeux.

C'est peu , il faut connoître assez bien la ponctuation, pour corriger au besoin les fautes commises contre elle. La ponctuation commande à la lecture, mais le lecteur doit commander à la ponctuation.

Il est deux défauts qui tuent la lecture : la cantillation et la monotonie.

La cantillation est ordinaire dans la lecture des vers. Elle s'opère en partageant le mètre en deux parties, et en élevant la voix sur la dernière syllabe de chaque hémistiche.

> C'est envain qu'au Par*nasse* un téméraire au*teur*
> Pense de l'art des *vers* atteindre la hau*teur*.
> S'il ne sent point du *ciel*, etc.

La Motte a dit :

> Les vers sont enfants de la lyre ;
> Il faut les chanter, non les lire.

Mais cela signifie-t-il qu'il faut endormir le malheureux qui vous écoute ? Le sens de cette maxime est que les vers s'élèvent au-dessus de la prose par le ton qui leur convient comme par le style qui leur est propre. Ne confondons pas les genres, mais ne soyons pas ennuyeux.

> L'ennui naquit un jour de l'uniformité.

C'est un autre écueil ; car, quoique la cantillation ne soit pas sans monotonie, il y a une sorte de monotonie sans cantillation. C'est lorsque le même ton, quel qu'il soit, exprime des idées différentes.

On évitera ce défaut, si aux réflexions précédentes on ajoute celles qui suivent.

On a dû remarquer dans la cantate de la mer rouge,

rouge, outre les signes du repos, le point interrogatif et le point d'exclamation. Le premier indique un ton plus animé :

Devois-tu nous conduire à ces affreux abymes ?
Et l'Egypte, pour ses victimes,
Eût-elle manqué de tombeaux ?

Le second exige un élan de voix :

Ciel ! quel prodige ! quel spectacle !

Les mots qu'enferment la parenthèse et en général tous les incidents, doivent être marqués par un léger changement de voix.

Un changement plus sensible est indiqué par les guillemets et par le trait de séparation. Mais ce sont les choses que ces signes distinguent, qui doivent adoucir ou fortifier les teintes. La lecture est aux idées ce que le dessein, l'ordonnance et le coloris sont aux originaux ; elle en est l'expression pittoresque. Un exemple rendra ce précepte lumineux.

Le loup et l'agneau.

Un agneau se désaltéroit
Dans le courant d'une onde pure.
Un loup survient à jeun, qui cherchoit aventure,
Et que la faim en ces lieux attiroit.

B b

Qui te rend si hardi de troubler mon breuvage?
  Dit cet animal plein de rage;
Tu seras châtié de ta témérité.
Sire, répond l'agneau, que votre majesté
  Ne se mette pas en colère;
  Mais plutôt qu'elle considère
  Que je me vais désaltérant
   Dans le courant,
  Plus de vingt pas au-dessous d'elle,
Et que par conséquent, en aucune façon,
  Je ne puis troubler sa boisson.

Tu la troubles, reprit cette bête cruelle, etc.

Un agneau se désaltéroit, etc. C'est une narration simple et qui n'a besoin que d'une émission ordinaire.

Qui te rend si hardi de troubler mon breuvage, etc. La matière entraîne tout lecteur sensible, et lui donne, pour ainsi dire, le hurlement du loup.

L'agneau doit trembler devant un ennemi puissant, et s'humilier devant un maître fier. La lecture doit peindre ce trouble et ce respect.

Sire, répond l'agneau, que votre majesté
  Ne se mette point en colère;
  Mais plutôt qu'elle considère
  Que je me vais désaltérant
   Dans le courant,

Plus de vingt pas au-dessous d'elle,
Et que par conséquent, en aucune façon,
Je ne puis troubler sa boisson.

Tu la troubles, reprit cette bête cruelle, etc.

On sent que la voix doit se renforcer ici davantage. Il y a un sublime contraste entre ce ton brusque et rauque du brigand des forêts avec la douceur tremblante et respectueuse de l'agneau.

St. Augustin a dit aux chrétiens : aimez Dieu et faites ce que vous voudrez. Je suis tenté de dire aux lecteurs : sentez et lisez comme il vous plaira.

Mais ce sentiment des beautés d'une phrase, cette connoissance parfaite des détails et de l'ensemble exige non-seulement un tact naturel, mais encore une étude réfléchie qui le développe.

N'oublions pourtant jamais que la lecture sentimentale doit être fondée sur la lecture régulière. Vainement vous donnez de l'éclat à la voix, si vous frappez l'oreille de sons illégitimes, ou si vous la fatiguez de sons confus. Tout doit être distinct, détaché : les membres de phrase, les mots, les syllabes même. Ce n'est point par sa voix qu'on se fait entendre, c'est par sa prononciation. Jamais Lekain ne

portoit à mon oreille des sons mieux enten-
dus que lorsqu'il parloit plus bas. En général,
rien n'est plus rare qu'un bon lecteur. Tout
le monde sait dire un mot après l'autre; presque personne ne sait lire.

Cependant, quelle circonstance plus favorable commande plus impérieusement la connoissance parfaite de notre prononciation? La
liberté triomphante agrandit le domaine de la
parole; la tribune législative appelle des orateurs de tous les points de la république. De
toutes parts s'élèvent des chaires centrales où
seront proclamées, en présence de l'innombrable essaim de la jeunesse républicaine, les
lois de la raison, du génie et du goût. Aux pré-
dicants de la superstition vont succéder, dans
toutes les communes, les prédicateurs éloquents de la véritable vertu, dont les principes seront dans leur cœur, et les nombreux
modèles devant leurs yeux. La langue françoise est devenue l'idiome de la liberté; elle
doit être cultivée avec soin par tous les hommes
libres. Les Grecs appeloient barbares les peuples qui ne parloient pas leur langue; on donnera un jour ce nom au françois qui ne parlera
pas bien la sienne.

NOTIONS
ORTHOGRAPHIQUES,
SUIVIES DE LA NOMENCLATURE
DES MOTS A DIFFICULTÉS.

Vous entrez dans un jardin ; qu'y voyez-vous ? La rose purpurine, l'œillet odorant, la pêche vermeille, une eau fugitive, une prairie émaillée, un mur élevé, des arbres nains, un jardinier laborieux, une jardinière alerte , des marmots éveillés, etc.

Les mots rose, œillet, pêche, eau, prairie, mur, arbres, expriment des choses ou des substances inanimées.

Les mots jardinier, jardinière, marmots, expriment des êtres ou des substances animées.

Or, tout mot qui exprime une substance animée ou inanimée, un être ou une chose, se nomme substantif.

Si je dis : la rose *purpurine charme* les regards ; cet œillet *exhale* un parfum *délicieux*; ce mur *est élevé*, ces marmots *sont éveillés*.

La sensation m'avertit que *purpurine* attache à *rose*, l'idée de couleur pourpre : la rose

purpurine. *Charme* attache à *rose* l'idée d'ex-
trème plaisir : la rose charme. *Exhale* attache
à *œillet* l'idée d'exhalaison : cet œillet exhale.
Délicieux attache à *parfum* l'idée de délices :
un parfum délicieux. *Est* attache à *mur*, une
idée d'existence : ce mur est. *Elevé* attache
à *mur* une idée d'élévation : ce mur est élevé.
Sont attache à *marmots* une idée d'existence : ces marmots sont. *Eveillés* attache à
marmots une idée de vivacité : ces marmots
sont éveillés.

Or, tout mot qui exprime une modification,
qui porte une attribution au substantif, de
quelle nature que soit l'attribution, se nomme
attribut.

Tout, dans la nature, est, par la force de
l'abstraction, substance ou modification ; tout,
dans les langues, est substantif ou attribut.

Il n'y a que ces deux classes générales de
mots.

Ne perdons pas de vue que nous ne con-
sidérons les mots que sous le rapport orthographique.

Sous ce rapport, il faut connoître 1°. la classification, c'est-à-dire, à quelle classe appar-
tient le mot qu'on veut écrire ; 2°. les règles
particulières auxquelles il est soumis ; 3°. enfin, il faut, en écrivant, couper le mot par

syllabes, afin d'examiner si la syllabe à écrire s'écrit comme elle se prononce, et alors point de difficulté, ou si elle s'écrit comme elle ne se prononce pas ; dans ce cas, on doit recourir à la nomenclature alphabétique des mots à difficultés que j'ai jointe à ces *Notions*.

Classification, règles, nomenclature : voilà tout ce qu'il faut savoir pour l'orthographe.

Du Substantif.

Le substantif est un mot qui exprime un être ou une chose.

Appliquez cette définition aux divers substantifs contenus dans quelques pages de ce livre, jusqu'à ce que vous ayez du substantif une idée parfaitement claire.

Si le substantif n'exprime qu'un être, une chose, il est au *nombre singulier*, et s'écrit comme on le trouve dans la nomenclature.

Si le substantif exprime plus d'un être, plus d'une chose, il est au *nombre pluriel*, et il prend ordinairement un *s* à la fin : *l'homme*, *le livre*, sont au singulier ; *les hommes*, *les livres* sont au pluriel.

Si le substantif exprime un être du sexe masculin, comme père, fils, oncle, neveu, etc., il est du *genre masculin*.

Si le substantif exprime un être du sexe fé-

minin, comme mère, fille, tante, nièce, etc.
il est du *genre féminin*.

Les choses, n'ayant pas de sexe, ne devroient
pas avoir de genre ; cependant, par imitation,
on a fait masculins *miroir*, *chandelier*, *en-
crier*, et féminins *glace*, *chandelle*, *encre*.
L'usage du genre pour les choses est consigné
dans les dictionnaires.

Si le substantif exprime la personne qui
parle, comme *je* et *nous*, il est de la *première
personne*.

S'il exprime la personne à qui l'on parle,
comme *tu* et *vous*, il est de la *seconde personne*.

S'il exprime la personne dont on parle,
comme *il*, *elle*, *Pierre*, *Paul*, il est de la
troisième personne.

La connoissance du genre et celle de la personne ne servent pas à l'orthographe du substantif, mais bien à l'orthographe de l'attribut.

De l'Attribut.

Il en est de plusieurs sortes. Soumis à des
lois différentes, il est essentiel de ne pas les
confondre.

Attribut commun.

Je dis de tous les objets, qu'ils *sont*, qu'ils
seroient, qu'ils *étoient*, qu'ils *furent*, qu'ils
seront,

seront, etc. Le soleil *est*, les Romains *étoient*, Annibal *fut*, Virgile *sera*.

Ces mots expriment une idée d'existence, qu'ils attribuent, le premier à soleil; le deuxième, à Romains; le troisième, à Annibal; le quatrième, à Virgile. Mais cette existence est purement mentale; je ne veux pas dire que le soleil, que les Romains, qu'Annibal, que Virgile existent physiquement, réellement, mais qu'ils existent dans mon esprit pour subir le jugement que je vais en porter : le soleil *est* radieux, les Romains *étoient* vaillants, Annibal *fut* hardi, Virgile *sera* toujours admiré.

Et, comme cette existence mentale peut s'attribuer à tous les objets, j'appelle le mot qui l'exprime, *attribut commun.*

L'attribut commun est un mot qui attache au substantif une idée d'existence mentale.

Cette existence se présente sous différentes formes; si je dis : *je suis, je serois, j'étois, je fus, je serai*, j'affirme l'existence, c'est le mode affirmatif.

Si je dis : *suis-je? serois-je? étois-je? fus-je? serai-je?* je demande si elle a lieu; c'est le mode interrogatif.

Si je dis : *sois, soyons, soyez*, je désire que l'existence ait lieu; c'est le mode optatif.

C c

Si je dis : *que je sois, que je fusse*, je la présente d'une manière nécessairement subordonnée ; c'est le mode complétif.

Si je dis : *être*, je ne vois là rien de déterminé ; c'est le mode indéfini.

Il y a donc cinq modes : l'affirmatif, qui affirme l'existence ; l'interrogatif, qui demande si elle a lieu ; l'optatif, qui désire qu'elle ait lieu ; le complétif, qui la présente d'une manière nécessairement subordonnée ; l'indéfini, qui la présente d'une manière indéterminée.

Ce n'est pas tout ; quand je dis : *je suis*, l'existence coïncide avec le moment où je parle ; c'est le temps présent.

Quand je dis : *je fus*, l'existence est antérieure au moment où je parle ; c'est le temps passé.

Quand je dis : *je serai*, l'existence est postérieure au moment où je parle ; c'est le temps futur.

Il y a donc au premier aspect trois temps : le présent, le passé et le futur : *je suis, je fus, je serai*.

Mais quand je dis : *je serois* riche, *si j'avois* été laborieux ; je *serois* offre une existence qui coïncideroit avec le moment où je parle, si une condition avoit été remplie ; c'est le présent conditionnel.

Dans cette phrase : je *serois* riche, un jour, si je *mettois* à profit tous mes talents, je *serois* offre une existence qui seroit postérieure au moment où je parle, si une condition venoit à être remplie ; c'est le futur conditionnel. Et comme je *serois* réveille, selon les vues de l'esprit, une existence *présente* ou *future* conditionnellement, nous l'appellerons présent ou futur conditionnel.

Quand je dis enfin : *j'étois* à écrire, lorsque *vous lisiez*, *j'étois* offre une existence antérieure au moment où je parle, mais coïncidente avec *vous lisiez* ; c'est le passé simultanée.

Il y a donc réellement cinq temps : le présent, *je suis* ; le présent ou futur conditionnel, *je serois* ; le passé simultanée, *j'étois* ; le passé défini, *je fus*, et le futur, *je serai*.

Ces temps sont simples ; nous n'avons besoin que de la connoissance des temps simples pour l'orthographe, dont nous nous occupons uniquement.

Il est de la plus grande importance de savoir assigner le mode, le temps et le rapport de l'attribut commun dans toutes les inflexions.

C O N J U G A I S O N

De l'attribut commun être.

A F F I R M A T I F.

Présent. Maintenant, je suis, tu es, il est.
Nous sommes, vous êtes, ils sont.

Présent ou *futur conditionnel.* Maintenant, un jour,
Je serois, tu serois, il seroit.
Nous serions, vous seriez, ils seroient.

Passé simultanée. Lorsque vous lisiez, j'étois, tu
étois, il étoit.
Nous étions, vous étiez, ils étoient.

Passé défini. Hier, je fus, tu fus, il fut.
Nous fûmes, vous fûtes, ils furent.

Futur. Demain, je serai, tu seras, il sera.
Nous serons, vous serez, ils seront.

I N T E R R O G A T I F.

Présent. Suis-je, es-tu, est-il?
Sommes-nous, êtes-vous, sont-ils?

Présent ou *futur conditionnel.* Serois-je, serois-tu,
seroit-il?
Serions-nous, seriez-vous, seroient-ils?

Passé simultanée. étois-je, étois-tu, étoit-il?
étions-nous, étiez-vous, étoient-ils?

Passé défini. Fus-je, fus-tu, fut-il?
Fûmes-nous, fûtes-vous, furent-ils?

Futur. Serai-je, seras-tu, sera-t-il?

OPTATIF.

Sois.

Soyons, soyez.

COMPLÉTIF.

Présent ou *futur*. Il faut que je sois, que tu sois, qu'il soit.

Que nous soyons, que vous soyez, qu'ils soient.

Passé simultanée, présent ou *futur conditionnel.*

Il falloit, il a fallu, il faudroit, il auroit fallu

Que je fusse, que tu fusses, qu'il fût.

Que nous fussions, que vous fussiez, qu'ils fussent.

INDÉFINI.

Être.

On doit savoir cette conjugaison sans faute, par cœur et par écrit. Il faut se mettre parfaitement en état d'assigner le mode, le temps, la personne et le nombre, toutes les fois que l'attribut commun se présente, et l'on sera bien avancé dans l'étude de l'orthographe.

Le mode et le temps sont suffisamment expliqués.

Quant au nombre et à la personne, l'attribut commun prend le nombre et la personne du substantif auquel il se rapporte.

Il n'y a d'attribut commun que l'attribut *être* avec les différentes inflexions dont cette conjugaison offre le tableau.

Attribut particulier.

L'attribut commun attache au substantif une idée qui convient à tous les substantifs, l'idée d'existence. Mais la pensée n'auroit rien de déterminé, si à l'attribution commune ne se joignoit une attribution particulière et physionomique. *Cicéron est*, qu'est-il? attachez à Cicéron une idée particulière qui me le fasse connoître. Cicéron est éloquent. *Éloquent* est un attribut particulier. Si je dis : cette table, deux hommes, un françois, les François, *cette* attache à table une idée indicative; *deux* attache à hommes une idée numérique ; *un* attache à françois l'idée d'une unité vague ; *les,* une idée de signification étendue. Tous ces mots et tous les mots qui attachent au substantif une idée simple et particulière, sont des attributs particuliers.

L'attribut particulier est donc un mot qui attache au substantif une idée simple et particulière.

Appliquez cette définition aux divers attributs particuliers contenus dans quelques pages de ce livre , jusqu'à ce que vous ayez de l'attribut particulier une idée parfaitement claire.

Lorsque je dis : un homme prudent, il est évident que *un* et *prudent* sont attributs particuliers d'*homme*. *Homme* est substantif masculin singulier; *un* et *prudent*, s'identifiant avec homme, doivent répéter le même genre , le même nombre, et sont masculins singuliers.

Lorsque je dis : une femme prudente, il est évident que *une* et *prudente* sont attributs particuliers de *femme*. *Femme* est substantif féminin singulier; *une* et *prudente* , s'identifiant avec femme, doivent répéter le même genre , le même nombre, et sont féminins singuliers.

Quand je dis : quelques hommes prudents, il est évident que *quelques* et *prudents* , sont attributs particuliers d'*hommes*. *Hommes* est masculin pluriel, *quelques* et *prudents*, s'identifiant avec *hommes*, doivent répéter le même genre, le même nombre , et sont masculins pluriels.

Quand je dis : quelques femmes prudentes, il est évident que *quelques* et *prudentes* sont attributs particuliers de *femmes*. *Femmes* est féminin pluriel; *quelques* et *prudentes*, s'identifiant avec *femmes*, doivent répéter le même genre , le même nombre, et sont féminins pluriels.

Règle générale. L'attribut particulier prend le genre et le nombre du substantif auquel il se rapporte.

Dans les attributs particuliers, la marque ordinaire du féminin est un *e* muet foible; la marque ordinaire du pluriel, pour l'un et l'autre genre, un *s*. Singulier masculin, *prudent*; singulier féminin, *prudente*. Pluriel masculin, *prudents*; pluriel féminin, *prudentes*.

On dit pourtant : j'ai *promis* une lettre, et la lettre que j'ai *promise*. Dans les deux cas, il s'agit de lettre *promise* ; *promise* est attribut particulier de *lettre*. Comment savoir quand il faut l'accord, et quand il ne le faut pas?

J'ai à écrire : la lettre que j'ai promise.

J'interroge ainsi : qu'est-ce que je présente sous l'idée d'*être promis* ? — une lettre. Le substantif *lettre* est avant son attribut particulier *promise*; il faut l'accord.

J'ai à écrire : j'ai promis une lettre.

Qu'est ce que je présente sous l'idée d'être *promis*? — une lettre. Le substantif *lettre* est après son attribut particulier *promis* ; il ne faut point d'accord.

Règle générale et sans exception. Toutes les fois que l'attribut particulier est construit avec *avoir*, ou l'une de ses inflexions ; *j'ai tu as, tu as*, etc. *j'avois, j'eus, j'aurai*, etc. (voyez ci-après la conjugaison de l'attribut combiné *avoir*) interrogez littéralement dans la forme suivante : Qu'est-ce que je présente sous l'idée d'être *aimé, lu, cultivé, promis*, etc. ? Le substantif est-il avant l'attribut particulier? accord. Est-il après? ou l'attribution est-elle absurde? inapplicable? point d'accord.

Substantif avant l'attribut particulier.

Les *hommes* que j'ai *connus*, les *femmes* que j'ai *respectées*. Accord.

Substantif après l'attribut particulier.

J'ai *connu* des *hommes*; j'ai *respecté* des *femmes*. Point d'accord.

Attribution absurde.

Rome a *triomphé* de Carthage; les soins que cet ouvrage m'a *coûté*. Qu'est-ce que je présente sous l'idée d'être *triomphé*? d'être *coûté*? *être triomphé, être coûté* ne présentent aucun sens; point d'accord.

Attribution inapplicable.

Les *chaleurs* qu'il a *fait*. Qu'est-ce que je présente sous l'idée d'être fait? — des chaleurs; on ne peut pas dire que les chaleurs sont faites; point d'accord.

D d

L'attribut particulier construit avec *avoir* ne se rapporte jamais au mot *en* : avez-vous reçu des lettres ? j'en ai *reçu*, et non j'en ai *reçues*.

Dans ces phrases : ils se sont *promenés*, elle s'est *proposé* de venir vous voir, et semblables, l'attribut particulier est construit avec *avoir*, quoique ce mot ne frappe pas les yeux ; c'est comme s'il y avoit : ils *ont* promené soi, elle *a* proposé à soi de venir vous voir. Et l'on procède, dans ces sortes de phrases, comme dans celles où *avoir* est à découvert.

On dit encore, en exception à la règle sur l'accord de l'attribut particulier : une mère *tremblant* de déplaire à ses enfants. Voici la règle.

L'attribut particulier exprime-t-il une *action*, comme une femme *lisant* de bons livres, *aimant* la bonne compagnie, etc. il n'y a point d'accord. Exprime-t-il l'*état*, comme dans ce vers :

Écoutez une mère éplorée et *tremblante*.

Il faut l'accord.

Passons à l'attribut combiné.

L'attribut combiné.

Lorsqu'on ne veut peindre que l'état, on dit : je *suis laborieux*, le soleil *est brillant* ;

l'existence est énoncée, ainsi que l'attribution particulière qu'on a en vue. Mais lorsqu'on veut peindre l'action, l'esprit ne s'amuse pas à peindre l'existence nominativement ; l'attribut qui exprime l'action est seul énoncé : je *travaille*, le soleil *brille*. L'idée d'existence est couverte par l'idée d'action. Mais en ôtant le voile, on voit que je *travaille*, le soleil *brille*, se décomposent ainsi : je *suis travaillant*, le soleil *est brillant*. De sorte que *travailler*, *briller*, *aimer*, *lire*, etc. sont composés de deux attributs : de l'attribut d'existence, sur lequel l'esprit glisse, comme peu important, et de l'attribut particulier, sur lequel l'esprit appuie, comme le seul véritablement essentiel.

L'attribut combiné est donc un mot qui attache au substantif une idée vague d'existence, et une idée particulière qui la détermine.

Appliquez cette définition aux divers attributs combinés contenus dans quelques pages de ce livre, jusqu'à ce que vous ayez de l'attribut combiné une idée parfaitement claire.

L'attribut combiné admet les mêmes modes, les mêmes temps, les mêmes personnes que l'attribut commun.

Mais on écrit au présent, *j'aime* et *je lis* ; au passé défini, *j'aimai* et *je lus*. Il faut dis-

D d 2

tinguer deux sortes d'attribut combiné, par rapport à la conjugaison.

La première conjugaison a l'indéfini en *er*: *aimer*, *chanter*, être aimant, être chantant.

La seconde a l'indéfini en *ir*, ou en *oir*, ou en *re*: *dormir*, *voir*, *rire*, être dormant, être voyant, être riant. Toutes les fois que l'attribut combiné peut se résoudre par l'attribut commun *être*, et un attribut particulier en *ant*, il est à l'indéfini.

PREMIÈRE CONJUGAISON.

Présent.   AFFIRMATIF.

e,	je chante, je suis	}
es	tu chantes, tu es	} chantant.
e	il chante, il est	}

ons	nous chantons, nous sommes	}
ez	vous chantez, vous êtes	} chantant.
ont	ils chantent, ils sont	}

Présent ou *futur conditionnel.*

erois	je chanterois, je serois	}
erois	tu chanterois, tu serois	} chantant.
eroit	il chanteroit, il seroit	}

erions	nous chanterions, nous se-rions	}
eriez	vous chanteriez, vous seriez	} chantant.
eroient	ils chanteroient, ils seroient	}

Passé simultanée.

ois	je chantois , j'étois	
ois	tu chantois , tu étois	} chantant.
oit	il chantoit , il étoit	

ions	nous chantions , nous étions	
iez	vous chantiez , vous étiez	} chantant.
oient	ils chantoient , ils étoient	

Passé défini.

ai	je chantai , je fus	
as	tu chantas , tu fus	} chantant.
a	il chanta , il fut	

âmes	nous chantâmes , nous fumes	
âtes	vous chantâtes , vous fûtes	} chantant.
èrent	ils chantèrent , ils furent	

Futur.

erai	je chanterai , je serai	
eras	tu chanteras , tu seras	} chantant.
era	il chantera , il sera	

erons	nous chanterons , nous serons	
erez	vous chanterez , vous serez	} chantant.
eront	ils chanteront , ils seront	

INTERROGATIF.

Présent.

é	chanté-je , suis-je	
es	chantes-tu , es-tu	} chantant?
e	chante-t-il , est-il	

ons	chantons-nous , sommes-nous	
ez	chantez-vous , êtes-vous	chantant?
ent	chantent-ils ? sont-ils	

Présent ou *futur conditionnel.*

erois	chanterois-je, serois-je	
erois	chanterois-tu , serois-tu	chantant?
eroit	chanteroit-il? seroit-il	

erions	chanterions - nous , serions-nous	
eriez	chanteriez-vous, seriez-vous	chantant?
eroient	chanteroient-ils ? seraient-ils	

Passé simultanée.

ois	chantois-je , étois-je	
ois	chantois-tu , étois-tu	chantant?
oit	chantoit-il ? étoit-il	

ions	chantions-nous, étions-nous	
iez	chantiez-vous , étiez-vous	chantant?
oient	chantoient-ils ? étoient-ils	

Passé défini.

ai	chantai-je , fus-je	
as	chantas-tu , fus-tu	chantant?
a	chanta-t-il? fut-il	

âmes	chantâmes-nous , fûmes-nous	
âtes	chantâtes-vous , fûtes-vous	chantant?
èrent	chantèrent-ils? furent-ils	

Futur.

erai	chanterai-je, serai-je	
eras	chanteras-tu, seras-tu	chantant?
era	chantera-t-il? sera-t-il	

erons	chanterons-nous, serons-nous	
erez	chanterez-vous, serez-vous	chantant?
eront	chanteront-ils? seront-ils	

OPTATIF.

e	chante, sois	
ons	chantons, soyons	chantant.
ez	chantez, soyez	

COMPLÉTIF.

Présent ou *futur.* Il faut

e	que je chante, que je sois	
es	que tu chantes, que tu sois	chantant.
e	qu'il chante, qu'il soit	

ions	que nous chantions, que nous soyons	
iez	que vous chantiez, que vous soyez	chantant.
ent	qu'ils chantent, qu'ils soient	

Passé simultanée, présent ou *futur conditionnel.*

il falloit, il a fallu, il faudroit, il auroit fallu

asse	que je chantasse, que je fusse	
asses	que tu chantasses, que tu fusses	chantant.
ât	qu'il chantât, qu'il fût.	

assions que nous chantassions, que nous fussions

assiez que vous chantassiez, que vous fussiez

assent qu'ils chantassent, qu'ils fussent

} chantant.

Indéfini.

er chanter, être chantant.

Seconde Conjugaison.

Affirmatif.

Présent.

s j'écris, je suis

s tu écris, tu es

t il écrit, il est

} écrivant.

ons nous écrivons, nous sommes

ez vous écrivez, vous êtes

ent ils écrivent, ils sont

} écrivant.

Présent ou *futur conditionnel.*

rois j'écrirois, je serois

rois tu écrirois, tu serois

roit il écriroit, il seroit

} écrivant.

rions nous écririons, nous serions

riez vous écririez, vous seriez

roient ils écriroient, ils seroient

} écrivant.

Passé simultanée.

ois j'écrivois, j'étois

ois tu écrivois, tu étois

oit il écrivoit, il étoit

} écrivant.

ions

tons nous écrivions, nous étions
iez vous écriviez, vous étiez } écrivant.
oient ils écrivoient, ils étoient

Passé défini.

s j'écrivis, je fus
s tu écrivis, tu fus } écrivant.
t il écrivit, il fut

̓mes nous écrivîmes, nous fûmes
̓tes vous écrivîtes, vous fûtes } écrivant.
rent ils écrivirent, ils furent

Futur.

rai j'écrirai, je serai
ras tu écriras, tu seras } écrivant.
ra il écrira, il sera

rons nous écrirons, nous serons
rez vous écrirez, vous serez } écrivant.
ront ils écriront, ils seront

INTERROGATIF.

Présent.

s écris-je, suis-je
s écris-tu, es-tu } écrivant?
t écrit-il? est-il

ons écrivons-nous, sommes-nous
ez écrivez-vous, êtes-vous } écrivant?
ent écrivent-ils? sont-ils

E e

Présent ou *futur conditionnel*.

rois	écrirois-je , serois-je	
rois	écrirois-tu , serois-tu	} écrivant ?
roit	écriroit-il ? seroit-il	

rions	écririons-nous , serions-nous	
riez	écririez-vous, seriez-vous	} écrivant ?
roient	écriroient-ils ? seroient-ils	

Passé simultané.

ois	écrivois-je , étois-je	
ois	écrivois-tu , serois-tu	} écrivant ?
oit	écrivoit-il ? étoit-il	

ions	écrivions-nous , étions-nous	
iez	écriviez-vous , étiez-vous	} écrivant ?
oient	écrivoient-ils ? étoient-ils	

Passé défini.

s	écrivis-je , fus-je	
s	écrivis-tu , fus-tu	} écrivant ?
t	écrivit-il ? fut-il	

mes	écrivîmes-nous , fûmes-nous	
tes	écrivîtes-vous , fûtes-vous	} écrivant ?
rent	écrivirent-ils ? furent-ils	

Futur.

rai	écrirai-je , serai-je	
ras	écriras-tu , seras-tu	} écrivant ?
ra	écrira-t-il ? sera-t-il	

rons	écrirons-nous, serons-nous	
rez	écrirez-vous, serez-vous	écrivant ?
ront	écriront-ils? seront-ils	

OPTATIF.

s	écris, sois	
ons	écrivons, soyons	écrivant.
ez	écrivez, soyez	

COMPLÉTIF.

Présent ou *futur.*

il faut, il faudra

e	que j'écrive, que je sois	
es	que tu écrives, que tu sois	écrivant.
e	qu'il écrive, qu'il soit	

ions	que nous écrivions, que nous soyons	
iez	que vous écriviez, que vous soyez	écrivant.
ent	qu'ils écrivent, qu'ils soient	

Passé simultanée, présent ou *futur conditionnel.*

il falloit, il a fallu, il faudroit, il auroit fallu .

sse	que j'écrivisse, que je fusse	
sses	que tu écrivisses, que tu fusses	écrivant.
t	qu'il écrivît, qu'il fût	

ssions que nous écrivissions , que
nous fussions

ssiez que vous écrivissiez, que vous
fussiez

ssent qu'ils écrivissent , qu'ils fussent

} écrivant.

Indéfini.

Il varie ; *ir*, finir ; *oir*, voir ; *re*, écrire.

L'attribut combiné est toujours au même mode et au même temps que l'attribut commun *être*, comme on peut le vérifier dans la décomposition.

Il est des attributs combinés qui s'écartent des deux modèles que nous venons de tracer. On les nomme irréguliers. Les irrégularités sont marquées dans la nomenclature des mots à difficultés.

Nous ne pouvons cependant nous dispenser d'offrir ici la conjugaison de l'attribut combiné *avoir*, à cause de son fréquent service dans les temps composés.

CONJUGAISON

De l'attribut combiné avoir.

AFFIRMATIF.

Présent.

j'ai, je suis
tu as, tu es
il a, il est
} ayant.

nous avons, nous sommes
vous avez, vous êtes
ils ont, ils sont
} ayant.

Présent ou *futur conditionnel.*

j'aurois, je serois
tu aurois, tu serois
il auroit, il seroit
} ayant.

nous aurions, nous serions
vous auriez, vous seriez
ils auroient, ils seroient
} ayant.

Passé simultanée.

j'avois, j'étois
tu avois, tu étois
il avoit, il étoit
} ayant.

nous avions, nous étions
vous aviez, vous étiez
ils avoient, ils étoient
} ayant.

Passé défini.

j'eus, je fus
tu eus, tu fus
il eut, il fut
} ayant.

, nous eûmes, nous fûmes
vous eûtes, vous fûtes
ils eurent, ils furent
} ayant.

Futur.

j'aurai, je serai
tu auras, tu seras
il aura, il sera
} ayant.

nous aurons, nous serons
vous aurez, vous serez
ils avront, ils seront
} ayant.

INTERROGATIF.

Présent.

ai-je, suis-je
as-tu, es-tu
a-t-il? est-il
} ayant?

avons-nous, sommes-nous
avez-vous, êtes-vous
ont-ils? sont-ils
} ayant?

Présent ou *futur conditionnel.*

aurois-je, serois-je
aurois-tu, serois-tu
auroit-il? seroit-il
} ayant?

aurions-nous , serions-nous
auriez-vous , seriez-vous   } ayant?
auroient-ils ? seroient-ils

Passé simultanée.

avois-je , étois-je
avois-tù , étois-tu   } ayant?
avoit-il ? étoit-il

avions-nous , étions nous
aviez-vous , étiez-vous   } ayant?
avoient-ils ? étoient-ils

Passé défini.

eûs-je , fûs-je
eus-tu , fus-tu   } ayant?
eut-il ? fut-il

eûmes-nous , fûmes-nous
eûtes-vous , fûtes-vous   } ayant?
eurent-ils ? furent-ils

Futur.

aurai-je , serai-je
auras-tu , seras-tu   } ayant?
aura-t-il ? sera-t-il

saurons-nous , serons-nous
aurez-vous , serez-vous   } ayant
auront-ils? seront-ils

OPTATIF.

aie, sois
ayons, soyons   } ayant.
ayez, soyez.

COMPLÉTIF,

Présent ou *futur*.

il faut, il faudra
que j'aie, que je sois
que tu aies, que tu sois   } ayant.
qu'il ait, qu'il soit

que nous ayons, que nous
    soyons
que vous ayez, que vous soyez   } ayant.
qu'ils aient, qu'ils soient

Passé simultané, *présent* ou *futur conditionnel*.

il falloit, il a fallu, il faudroit,
il auroit fallu

que j'eusse, que je fusse
que tu eusses, que tu fusses   } ayant.
qu'il eût, qu'il fût

que nous eussions, que nous
    fussions
que vous eussiez, que vous fus-   } ayant.
    siez
qu'ils eussent, qu'ils fussent

INDÉFINI.

INDÉFINI.

avoir, être ayant.

Le substantif, l'attribut commun, l'attribut particulier et l'attribut combiné varient leurs inflexions : le substantif, d'après la raison, qui en indique le nombre ; l'attribut particulier, d'après son rapport au substantif, dont il prend le genre et le nombre ; l'attribut commun et l'attribut combiné, d'après la raison, qui prescrit le mode et le temps, et d'après le rapport au substantif, dont ils prennent la personne et le nombre.

Il nous reste à parler de deux sortes de mots, constamment invariables, et par cela même, n'offrant d'autres difficultés que les difficultés générales qui naissent de l'inconformité de l'orthographe à la prononciation.

Cependant, pour ne pas confondre les mots invariables avec les mots à inflexions, il importe de les reconnoître à des marques certaines.

Attribut d'attribut.

Lorsque je dis : je vais à Versailles, le courrier de Lyon, il est évident que à attache à vais, qui est un attribut, une idée de but, de tendance : je vais à, et l'on peut voir facile-

F f

ment , en rétablissant *venant* sous-entendu , que *de* attache à *venant*, qui est un attribut, une idée de départ : *le courier venant de* : c'est ce que je nomme *attribut d'attribut.*

Construisez des phrases où vous emploierez *après , avant, avec, chez , contre , dans , devant, derrière, depuis, dès, deçà, delà , entre , envers , hors , outre , parmi , pour, sans , sur, selon,* etc. vous verrez que tous ces mots sont invariables , et qu'ils attachent à un attribut une idée secondaire , qu'ils sont des attributs d'attribut.

Si je dis : je suis *constamment* heureux , il est évident qu'*heureux* attache l'idée de *bonheur* à *je* , et en est l'attribut particulier. Il n'est pas moins évident que *constamment* attache l'idée de *constance* à *heureux*, qui est un attribut. *Constamment* est donc un attribut d'attribut.

On peut remarquer que les attributs d'attribut *après , avant , avec , chez , contre ,* etc. sont incomplets , qu'ils appellent un autre mot qui achève le sens : après *vous* , avant *lui* , chez *mon père* , contre *moi* , etc.

Et que les attributs d'attribut *constamment, élégamment , toujours,* etc. sont complets, qu'ils n'ont pas besoin de mots qui les suivent :

il travaille *constamment*, il parle *élégamment*, il réfléchit *toujours*, etc.

On peut en conclure qu'il y a des attributs d'attribut *complets*, et qu'il y en a d'*incomplets*. Tous seront également reconnus et classés, en appliquant, jusqu'à parfaite instruction, la définition suivante :

L'attribut d'attribut est un mot invariable qui attache à un premier attribut une idée secondaire.

L'attribut d'attribut est à un attribut quelconque ce que l'attribut particulier est au substantif. Il y a cette différence que l'attribut particulier reçoit du substantif l'inflexion du genre et du nombre, dont le substantif a seul la propriété, au lieu que l'attribut d'attribut, se rapportant à l'attribut, qui n'a en propre ni le genre ni le nombre, est forcé de rester invariable. Et cet adage : *nul ne donne ce qu'il n'a pas*, devient un principe de grammaire.

Attribut de proposition.

Si je dis : j'adore l'éternel *et* j'aime la patrie ; *lorsqu*'on fait un heureux, on est heureux soi-même ; je pense, *donc* j'existe, je vois bien clairement que *et* attache à cette suite de mots qui exprime ma pensée, à cette proposition : *j'adore l'éternel*, une idée d'addition : j'adore l'éternel, *et.* . . .

Que *lorsque* attache à cette proposition *on est heureux soi-même*, une idée de circonstance, d'époque : on est heureux soi-même, *lorsque*....

Que *donc* attache à cette proposition *je pense*, une idée de conclusion, de conséquence : je pense, *donc.* . . .

Et, lorsque, donc sont des attributs de proposition. Construisez des phrases où vous emploierez *car, comme, ni, or, ou, parce que, puisque, quand, quoique, si,* etc. vous verrez que chacun de ces mots attache une idée à une proposition entière. Ils sont invariables, parce qu'appartenant d'une manière indivisible à la totalité des mots, ils ne peuvent recevoir le genre et le nombre du substantif seul, en qui réside exclusivement le pouvoir de les communiquer.

L'attribut de proposition est un mot invariable qui attache une idée à une proposition.

Appliquez cette définition aux attributs de proposition contenus dans quelques pages de ce livre, jusqu'à ce que vous ayez de l'attribut de proposition une idée parfaitement claire.

Voilà tout ce que l'orthographe nous prescrit sur le substantif et l'attribut, c'est-à-dire, sur les deux classes générales où viennent se ranger tous les mots de notre langue et de toutes les langues.

Mais, dira-t-on, dans ces phrases : *ah*, que je suis heureux ! *ah*, que je souffre ! *hélas* ! il est coupable ; *ó* grand homme, *ó* Corneille ! etc. *ah*, *hélas*, *ó*, etc. n'offrent à l'esprit ni substance ni attribution, ne sont ni substantifs ni attributs.

Cela est vrai, aussi ne sont-ce pas des mots proprement dits ; ce sont des cris, qu'on nomme exclamations.

Exclamation.

L'exclamation est un cri qui exprime un mouvement subit de l'ame.

Et quand ce cri s'annonce par un substantif, comme *ciel ! dieux !* etc. il subit la loi des substantifs , et prend le nombre qu'indique la pensée.

Voici maintenant un modèle de classifica-

tion. Je fais choix de l'idylle des moutons de
madame Déshoulières.

LES MOUTONS.

Hélas!... Petits moutons, que vous êtes heureux!
Vous paissez dans nos champs, sans soucis, sans alarmes;
    Aussitôt aimés qu'amoureux,
On ne vous force point à répandre des larmes ;
Vous ne formez jamais d'inutiles désirs ;
Dans vos tranquilles cœurs, l'amour suit la nature,
Sans ressentir ses maux, vous avez ses plaisirs;
L'ambition, l'honneur, l'intérêt, l'imposture,
    Qui font tant de maux, parmi nous,
    Ne se rencontrent point chez vous.
Cependant, nous avons la raison pour partage,
    Et vous en ignorez l'usage.
Innocents animaux, n'en soyez point jaloux;
    Ce n'est pas un grand avantage.
Cette fière raison, dont on fait tant de bruit,
Contre les passions n'est pas un sûr remède ;
Un peu de vin la trouble, un enfant la séduit;
Et déchirer un cœur qui l'appelle à son aide,
    Est tout l'effet qu'elle produit.
    Toujours impuissante et sévère,
Elle s'oppose à tout, et ne surmonte rien.
    Sous la garde de votre chien,
Vous devez beaucoup moins redouter la colère
    Des loups cruels et ravissants,
Que, sous l'autorité d'une telle chimère,
    Nous ne devons craindre nos sens.

Ne vaudroit-il pas mieux vivre, comme vous faites,
Dans une douce oisiveté?
Ne vaudroit-il pas mieux être, comme vous êtes,
Dans une heureuse obscurité,
Que d'avoir, sans tranquillité,
Des richesses, de la naissance,
De l'esprit et de la beauté?
Ces prétendus trésors, dont on fait vanité,
Valent moins que votre indolence.
Ils nous livrent sans cesse à des soins criminels;
Par eux, plus d'un remords nous ronge.
Nous voulons les rendre éternels,
Sans songer qu'eux et nous passerons, comme un songe.
Il n'est, dans ce vaste univers,
Rien d'assuré, rien de solide;
Des choses d'ici-bas la fortune décide,
Selon ses caprices divers.
Tout l'effort de notre prudence
Ne peut nous dérober au moindre de ses coups.
Paissez, moutons, paissez, sans règle et sans science;
Malgré la trompeuse apparence,
Vous êtes plus heureux et plus sages que nous.

Hélas, exclamation.

Petits attache à *moutons* une idée de petitesse, d'affection : petits moutons. a-p. de *moutons*.

Moutons exprime des êtres. subst. pl.

Que, combien, attache à *heureux* une idée de force, d'intensité : combien heureux. a-d'a. se rapp. à *heureux*.

Vous exprime les êtres à qui l'on parle : les moutons. s. pl.

Êtes attache à *vous* une idée d'existence mentale : vous êtes. a-en. aff. pr. je suis, tu es, il est ; nous sommes, vous *êtes*, ils sont.

Heureux attache à *vous* une idée de bonheur : vous heureux. a-p. de *vous*.

Vous. Les mots classés une fois ne le sont pas une seconde, à moins qu'ils ne présentent un point de vue différent, ou quelque difficulté.

Paissez, êtes paissant, attache à *vous* une idée d'existence mentale et une idée de pâture : vous êtes paissant. a-cb. se rapp. à *vous*, aff. pr. 2ᵉ conj. fin. s, s, t ; ons, ez, *ent*.

Dans attache à *paissez* une idée incomplète de position intérieure : vous paissez dans. a-p. se rapp. à *paissez*.

Nos attache à *champs* une idée de possession : nos champs. a-p. de *champs*.

Champs exprime des choses. subs. pl.

Sans attache à *paissez* une idée incomplète de privation : vous paissez sans. a-d'a. se rap. à *paissez*.

Soucis exprime des choses. s. pl.
Sans alarmes.

Aussitôt

Aussitôt que, tôt à un degré égal au degré auquel.

Tôt attache à *aimés* l'idée de vitesse, de célérité : aimés tôt. a-d'a. se rapp. à *aimés*.

Aussi, à un degré égal à , attache à *tôt* une idée d'égalité : aussi. a-d'a. se rapp. à *tôt*.

Que, auquel degré. s.

Aimés attache à *vous* une idée d'amour passif : vous aimés. a-p. de *vous*.

Amoureux attache à *vous* une idée d'amour actif : vous amoureux. a-p. de *vous*.

On, abrégé d'*homme*, exprime l'homme en général. subs. sing.

Ne point attache à *force* une idée de négation : on ne force point. a-d'a. se rapp. à *force*.

Force, on force, on est forçant, attache à *on* une idée d'existence mentale et une idée de contrainte : on est forçant. a-cb. se rapp. à *on*. aff. pr 1e conj. fin. *e*, *es*, e ; *ons*, *ez*, *ent*.

A attache à *force* une idée de but : on ne force point à. a-d'a. se rapp. à *force*.

Répandre, être répandant. a-cb. ind.

Des larmes, quelques larmes venant de *les* larmes.

De attache à *venant* une idée d'origine : venant de. a-d'a. se rapp. à *venant*.

Larmes exprime des choses. s. pl.

G g

Ne attache à *formez* une idée de négation :
vous ne formez. a-d'a. se rapp. à *formez*.

Jamais, en aucun temps, attache à *formez*
une idée de temps quelconque : vous ne formez jamais. a-d'a. se rapp. à *formez*.

D', de. Vous ne formez jamais un seul désir venant *de* les inutiles désirs. *De*, a-d'a. se
rapp. à *venant*.

Inutiles attache à *désirs* une idée d'inutilité. a-p. de *désirs*.

Désirs exprime des choses. s. pl. Nous ne
classerons plus les substantifs et les attributs
particuliers ordinaires ; ils sont suffisamment
connus.

Vos attache à *cœurs* une idée de possession :
vos cœurs. a-p. de *cœurs*.

L', le, attache à *amour* une idée d'indication foible : l'amour. a-p. d'*amour*.

Suit, l'amour suit, l'amour est suivant, attache à *amour* une idée d'existence mentale
et une idée de suite : l'amour est suivant. a-
cb. se rapp. à l'*amour*. aff. pr. 2ᵉ conj. s, s, t ;
ons, ez, ent.

La attache à *nature* une idée d'indication
foible : la nature. a-p. de *nature*.

Sans attache à *vous avez* une idée incomplète de privation : vous avez sans.

Ressentir., être ressentant. a-cb. ind.

Ses attache à *maux* une idée de possession : ses maux, les maux qu'il a. a-p. de *maux*.

Avez, vous avez, vous êtes ayant. a-cb. se rapp. à *vous*, aff. pr. j'ai, tu as, il a ; nous avons, vous *avez*, ils ont.

Qui, lesquelles choses : l'ambition, l'honneur, etc. s. pl.

Lesquelles attache à *choses* une idée d'indication forte.

Font, lesquelles choses font „ lesquelles choses sont faisant. a-cb. se rapp. à *lesquelles choses*. aff. pr. irrég. Je fais, tu fais, il fait ; nous faisons, vous faites, ils *font*.

Tant, une si grande quantité. s. n.

De, venant de. a-d'a. se rapp. à *venant*.

Parmi attache à *font* une idée incomplète de milieu : font parmi. a-d'a. se rapp. à *font*.

Se, soi, les choses. s. pl.

Chez attache à *rencontrent* une idée incomplète de demeure : se rencontrent chez. a-d'a. se rapp. à *rencontrent*.

Cependant attache une idée d'opposition à cette collection de mots, à cette proposition : l'ambition, l'honneur, etc. a-de-p.

Pour attache à *nous avons* une idée incomplète de terme, la possession arrive, aboutit au partage : nous avons *pour* partage. a-d'a. se rapp. à *nous avons*.

Et attache une idée d'addition à cette collection de mots, à cette proposition : nous avons la raison pour partage. a de-p.

En, de cela, l'usage venant de cela. *Cela*, subs. n.

Soyez attache à *vous*, sous-ent. une idée d'existence mentale. a-cn. se rapp. à *vous*, sous-ent. opt. sois, soyons, *soyez*.

Ce, cela. s. n.

Ne pas, comme *ne point*.

Cette attache à *raison* une idée d'indication forte : cette raison. a-p. de *raison*.

Dont, de laquelle raison. On fait tant de bruit *venant* de cette raison. s.

Laquelle attache à *raison* une idée d'indication forte.

Contre : n'est pas un sûr remède *donné* contre les passions. *Contre* attache à *donné*, sous-ent. une idée incomplète d'opposition, de combat. a-d'a. se rapp. à *donné*.

Un peu, une petite quantité : *peu*, s. h.

La, elle, la raison, exprime une chose. subs.

Qui, lequel cœur. s. *Lequel* attache à *cœur* une idée d'indication forte.

L', la, elle, la raison. s.

Tout attache à *effet* une idée de totalité. a-p. d'*effet*.

Qu', que, lequel effet.

Elle, la raison.

Toujours attache à *impuissante* et à *sévère* une idée de perpétuité : toujours impuissante, toujours sévère. a-d'a. se rapp. à *impuissante* et à *sévère*.

Impuissante, *sévère* attachent à *elle*, à la raison, une idée d'impuissance, une idée de sévérité : elle impuissante, elle sévère. a-p. de *elle*.

S', se, soi, la raison. subs.

Tout, toute chose. s. n.

Rien, chose. s. n.

Sous, placés sous, attache à *placés* sous-entendu une idée de position inférieure : placés sous. a-d'a. se rapp. à *placés*.

D', de, venant de.

Moins que, à un degré inférieur au degré auquel degré.

Moins attache à *redouter* une idée de moindre crainte, d'amoindrissement : redouter moins. a-d'a. se rapp. à *redouter*.

Que, auquel degré. s.

Beaucoup attache à *moins* une idée de grand amoindrissement : beaucoup moins. a-d'a. se rapp. à *moins*.

Des. La colère des loups, la colère *venant de* les loups.

D'. L'autorité *venant de*.

Ne, destiné à peindre une idée négative, n'attache ici aucune négation à *devons*. Car, dans l'esprit de l'auteur, il y a cette affirmation : nous devons craindre nos sens. *Ne*, mot explétif. Les mots explétifs sont ceux qui ne peignent aucune idée, et par conséquent résistent à la classification. Ils se sont introduits dans les langues par euphonie, par imitation ou même par une fausse vue de l'esprit. Ces mots sont extrêmement rares.

J'appelle *neutres* tous les substantifs qui expriment des idées vagues, tous ceux qui peuvent se rendre par *chose*, traduction du *negotium* des latins ; tels sont : *ceci*, *cela*, *rien*, *ce que*, *ce qui*, *que* dans quelques occasions etc. *ceci* est beau, *cela* me fait plaisir, *ce que* je dis est vrai, *ce qui* plaît n'est pas toujours *ce qui* est utile, etc. C'est comme s'il y avoit : cette *chose* est belle, cette *chose* me fait plaisir, les *choses* que je dis sont vraies, les *choses* qui plaisent ne sont pas toujours les *choses* qui sont utiles.

Il, ceci. s. n.

Vaudroit, vaudroit-il ? seroit-il valant ? a. cb. se rapp. à *il*. interr. pr. cond. 2ᵉ conj. fin. *rois*, *rois*, *roit* ; *rions*, *riez*, *roient*.

Mieux que, à un degré de bien supérieur au degré auquel degré.

Mieux attache à *vaudroit* un degré de bien supérieur : il vaudroit mieux. a-d'a. se rapp. à *vaudroit*.

Comme attache à *vivre* une idée de ressemblance : vivre comme. a-d'a. se rap. à *vivre*.

Faites, vous faites, vous êtes faisant. a-cb. se rapp. à *vous*. aff. pr. 2e conj. fin. *s, s, t*; *ons, ez, ent*. L'attribut combiné *faire* est irrégulier ; on dit : nous faisons, vous *faites*, ils *font*.

Dans attache à *vivre* une idée de position intérieure : vivre dans. a-d'a. se rapp. à *vivre*.

Être comme, *être dans*. *Comme* et *dans* paroissent se rapporter à *être*. Mais l'attribut commun ne reçoit d'attribution que de la négation. Il y a ellipse ; être *existant* comme, être *existant* dans. *Comme* et *dans*, a-d'a. se rapp. à *existant*.

D', de. à un degré de bien supérieur au degré auquel degré est le partage venant *de* ceci : avoir, etc. *De*, a-d'a. se rapp. à *venant*.

Des, de les, une portion venant de les richesses. *De*, a-d'a. se rapp. à *venant*. *Les* attache à *richesses* une idée d'indication foible. a-p. de *richesses*.

Ces attache à *trésors* une idée d'indication forte. a-p. de *trésors.*

Dont , de lesquels trésors. On fait vanité venant de ces trésors.

Valent , ces trésors valent , sont valant. a-ch. se rapp. à *trésors.* aff. pr. 2e conj. fin. s , s , t ; ons, ez, ent. *Valoir* est irrégulier ; on dit: je *vaux* , tu *vaux* , il vaut.

Moins que , à un degré inférieur au degré auquel degré.

Moins attache à *valent* une idée de degré inférieur. a-d'a. se rapp. à *valent.*

Ils , ces trésors, exprime des choses. sub. p.

Sans attache à *livrent* une idée de privation. a d'a. se rapp. à *livrent.*

Cesse , interruption, exprime une chose. s.

Des : à des soins criminels , à une partie *venant* de les soins criminels.

Par attache à *ronge* une idée d'occasion. a d'a. se rapp. à *ronge.*

Eux , les trésors. s. pl.

Plus d'un remords. Un nombre supérieur au nombre *formé* d'un remords. *Plus,* s. n. d', de attache à *formé* une idée de venue. a-d'a. se rapp. à *formé,* sous-ent.

Les , les rendre éternels, rendre *les trésors* éternels.

Qu'

Qu', que : sans songer que , sans songer *à ceci.*

Passerons , eux et nous serons passant. a. cb. se rapp. à *eux et nous.* aff. fut. 1ᵉ conj. fin. *erai*, *eras*, *era* ; erons, *erez*, *eront.*

Il , ceci, rien, *venant de* ce qui est assuré, *venant de* ce qui est solide, n'est existant.

Il , ceci. s. n.

Rien , aucune chose. s. n.

Ce attache à *univers* une idée d'indication forte. a-p. d'*univers.*

Des. Des choses, de les choses. La fortune décide *de* les choses.

D'ici-bas : les choses d'ici-bas. Les choses *venant de ce qui existe* ici *dans le lieu* bas.

D' , de. a-d'a. se rapp. à venant. *Bas* , a-p. de *lieu.*

Au , à le.

De , au moindre coup venant de ses coups.

Malgré attache à *heureux* et *sages* une idée de non-opposition. a d'a. se rapp. à *heureux* et à *sages.*

Plus que , à un degré supérieur au degré auquel degré.

Pour compléter ce modèle de classification, j'ajouterai quelques phrases dont la solution

H h

ne se trouve pas dans l'idylle que nous venons d'examiner.

Il pleut, il neige, il tonne.

Il n'exprime là ni un être, ni une chose.
C'est un substantif illégitime.

Il a régné, il a triomphé.

Aucun être, aucune chose n'est régné, n'est
triomphé. *Régné* et *triomphé* sont des attributs particuliers illégitimes. Le substantif et
l'attribut particulier illégitimes sont ceux qu'admet la langue contre les lois de la logique grammaticale. Une fausse analogie les a introduits,
le besoin les a consacrés.

Déja l'on sait classer, déja l'on connoît
toutes les règles tracées dans ces notions. C'est
sans doute avoir fait de grands progrès. Mais
il manque encore cette facilité d'écrire que
donne l'usage. On ne l'acquiert qu'à la longue ;
voici les moyens de le conquérir en peu de
temps.

1°. Lisez, tous les jours, vingt mots de la
nomenclature, en procédant par cinq, écrivez les à l'œil, jusqu'à ce que vous soyez en
état de les écrire tous sans faute sous la dictée.

Vous saurez dans une décade deux cents mots, dont chacun a une famille plus ou moins nombreuse que distingue tout entière telle ou telle difficulté orthographique. Par exemple, vous apprenez à écrire *abhorrer* ; le *h* et le double *r* forment la difficulté des mots de la famille. Dès que nous écrivez bien *abhorrer,* vous écrirez bien *horreur, horrible, horriblement* ; et comme les familles, l'une portant l'autre, sont composées au moins de quatre mots chacune, en apprenant deux cents mots par décade, vous en apprenez réellement huit cents ; et, pour réparer l'oubli inévitable de quelques mots, avant d'étudier la leçon du jour, repassez les leçons précédentes.

2°. Apprenez par cœur, tous les jours, environ six vers, et examinez bien l'orthographe de chaque mot ; ne négligez ni les lettres ni les accents ni les signes de ponctuation. Classez rapidement, appliquez rapidement les règles. Lorsque vous vous croyez en état d'écrire sans faute, fermez le livre, et écrivez. Puis confrontez votre orthographe avec celle du livre. Vous vous êtes trompé six fois, recommencez ; quatre fois, recommencez ; une seule fois, recommencez, jusqu'à ce que votre orthographe soit parfaitement conforme à celle qui vous sert de modèle.

La nomenclature vous apprendra, en peu de temps, à orthographier les mots isolés; la copie, faite avec intelligence et sévérité, vous apprendra, en peu de temps, à orthographier les mots en construction.

Je termine ces notions par quelques règles faciles sur les signes orthographiques.

DES SIGNES ORTHOGRAPHIQUES.

Accents.

On écrit *vérité*, *délices*, etc. avec l'accent aigu. Coupez par syllabe : *vé-ri-té*, *dé-li-ces*. On met l'accent aigu sur tous les *e* fermés qui terminent la syllabe. L'*e* de *charpentier*, celui de *vous aimez* ne prennent pas l'accent aigu, parce qu'ils ne terminent pas la syllabe; dans *char-pen-tier*, c'est *r* ; dans vous *ai-mez*, c'est *z*.

On écrit *zèle*, *père*, etc. *prophète*, *modèle*, etc. avec l'accent grave. Coupez par syllabe : *zè-le*, *pè-re*, etc. *pro-phè-te*, *mo-dè-le*, etc. On met l'accent grave sur tous les *e* ouverts ou moyens qui terminent la syllabe. L'*e* ouvert de *terre*, de *presse*, etc. l'*e* moyen de *chansonnette*, de *querelle*, ne prennent pas

'accent grave, parce qu'ils ne terminent pas
a syllabe ; dans ter-re , c'est r ; dans pres-se,
'est s ; dans chan-son-net-te, c'est t ; dans
que-rel-le , c'est l.

Écrivez pourtant les *bontés* , les *succès*, etc. ;
le s qui termine un mot n'empêche pas l'accent.

On écrit *âge*, *bêler*, *gîte*, etc. , avec l'accent circonflexe. On écrivoit autrefois *aage*,
beeler, *giste*, etc. L'*â* dans *âge* est ouvert ; l'*é*
dans *bêler* est ouvert, l'*î* dans *gîte* est long. On
met l'accent circonflexe sur la voyelle ouverte
ou longue, lorsqu'il y a suppression de lettre.

Apostrophe.

On écrit *l'*épervier , *l'*hirondelle , *j'*aime
*l'*étude, et je *m'y* livre, je *t'*assure que *c'*est
moi , *s'*enivrer *d'*orgueil, il *n'y* a *qu'un* moment, *s'il* vient, etc. On écrit encore gran*d'*
peur, il fait gran*d'* chère , à gran*d'* peine ,
la grand' rue, il n'a pas gran*d'* chose , il fait
gran*d'* pitié , avec une apostrophe. L'apostrophe marque la suppression d'une voyelle ,
et sert de séparation entre deux mots.

Tréma.

On écrit *naïf*, *Saül*, etc. ; ôtez le tréma ,
vous aurez *naif*, qui se prononcera *nef*, et *Saul*,

qui se prononcera *Sol*. On emploie le tréma pour empêcher la réunion de deux voyelles qui doivent se prononcer séparément.

Trait de séparation.

Au milieu d'un récit, vous amenez quelquefois un dialogue :

Une grenouille vit un bœuf
Qui lui sembla de belle taille ;
Elle, qui n'étoit pas grosse en tout comme un œuf,
Envieuse, s'étend et s'enfle et se travaille,
Pour égaler l'animal en grosseur,
Disant : regardez-bien, ma sœur,
Est-ce assez, dites-moi ? n'y suis-je point encore ? —
Nenni.— M'y voici donc ? — Point du tout. — M'y voilà.—
Vous n'en approchez point.

Le trait de séparation tient lieu des *dit-il*, *répondit-il*, etc., et annonce le changement d'interlocuteur.

De la Ponctuation.

Virgule.

Je plains l'homme accablé du poids de son loisir.

Dans cette phrase, point de virgule. Il ne faut point de virgule, quand les mots sont liés l'un à l'autre d'une manière indivisible.

Quels peuples oseront, *dans les champs de l'histoire*,
Disputer aux François les palmes de la gloire?
Le vertueux Mably, *quand il peint Phocion*,
Pense comme Socrate, écrit comme Platon, etc.

Les membres de phrase imprimés en caractère italique peuvent se détacher, sans nuire au sens grammatical, et réclament la virgule.

« L'amour de la gloire meut les grandes
» ames, et l'amour de l'argent, les ames vul-
» gaires. »

La virgule qu'on voit après *de l'argent* marque l'ellipse, fait entendre que *meut* est sous-entendu.

        L'adresse, le courage,
Le tumulte, les cris, la peur, l'aveugle rage,
La honte de céder, l'ardente soif du sang,
Le désespoir, la mort, passent de rang en rang.

La virgule s'emploie dans les détails.

Je porte un cœur sensible, et suis épouse et mère.

Il y a là deux *et*, dont l'un est précédé d'une virgule, et l'autre ne l'est pas.

Ces divers emplois donnent lieu à la règle suivante :

La virgule a lieu, 1° pour des membres

qu'on peut détacher de la phrase, sans nuire
au sens grammatical ; 2° dans l'ellipse de
l'attribut commun ou combiné ; dans l'énumération simple ; 4° lorsque *et, ni, ou*, sont
placés entre des mots qui ne sont pas similaires. *Sensible, suis*, ne sont pas similaires ;
épouse, mère le sont. *Epouse, et mère* de six
enfants ne sont pas similaires. Tout rapport
exclusif au dernier mot rompt la similarité.

Lisez quelques pages , avec la seule intention d'appliquer les quatre parties de cette
règle ; calquez des phrases sur les quatre exemples cités, jusqu'à ce que vous ayez de la virgule une connoissance parfaite en théorie et
en pratique.

Point.

Le point se met à la fin d'un sens complet.

Point et Virgule.

Lorsqu'une phrase dont le sens est complet
a une liaison intime avec la suivante, mettez
le point et virgule.

Soyez ici des lois l'interprète suprême ;
Rendez leur ministère aussi saint que vous-même ;
Enseignez la raison, la justice et la paix.

Si je dis : Plaute, Phèdre, Tibulle, Horace,
ont

ont leurs rivaux, en France, et peut-être leurs vainqueurs, il y a là une énumération d'objets simples, qui réclame la virgule.

Mais si je dis : Plaute, qui a fait rire les Romains, pour les corriger ; Phèdre, qui a fait parler les animaux d'une manière si utile aux hommes ; Tibulle, qui a soupiré des vers si aimables ; Horace, qui a si bien peint la raison des couleurs de la poésie, ont leurs rivaux, en France, et peut-être leurs vainqueurs, il y a énumération d'objets complexes, et chaque partie de l'énumération complexe doit être marquée par le point et virgule.

Si je dis encore :

Tout lui plaît, tout convient à son vaste génie :
Les livres, les bijoux ; les compas, les pompons ;
Les vers, les diamants ; les biribis, l'optique ;
L'algèbre, les soupers ; le latin, les jupons ;
L'opéra, les procès ; le bal et la physique.

Il y a énumération contrastée, et chaque partie de l'énumération contrastée doit être marquée par le point et virgule.

Voici la règle. Mettez le point et virgule, 1° lorsque la phrase dont le sens est complet et la suivante ont une liaison intime ; 2° dans

I i

les énumérations complexes ; 3º dans les énumérations constrastées.

Les deux points.

Dames mites disoient à leurs petits-enfants :
Il fut un temps où la terre étoit ronde.

« On a dit de Lamotte : il vouloit rire ,
comme Lafontaine ; mais il n'avoit pas la
bouche faite comme lui ; il faisoit la grimace ».

« Tout plaît dans les synonymes de Girard:
la finesse des remarques , la justesse des pensées , le choix des exemples ».

» Dénominations vicieuses, fausse classi-
» fication , définitions inexactes , règles peu
» sûres , nul principe qu'avoue la logique ,
» absence de toute philosophie : telles sont
» sur-tout les trois grammaires couronnées
» par le juri des livres élémentaires , impri-
» mées et distribuées par ordre du corps lé-
» gislatif (1) ».

---

(1) Le juri des livres élémentaires, composé d'hommes de lettres
fort habiles en divers genres de connoissances, n'avoit pas, pour
juger les ouvrages de grammaire, un seul grammairien , et l'on
sait qu'IL N'Y A DE JUGEMENT SAIN QUE LE JUGEMENT DES PAIRS.
Cependant l'erreur grammaticale, consacrée par l'ignorance; sanc-

Les deux points ont lieu, 1° lorsqu'on annonce un discours ou une citation ; 2° lorsqu'une proposition générale est précédée ou suivie de détails.

Appliquez, comme pour les autres signes de ponctuation.

Point d'interrogation.

D'où venez-vous ? quelle heure est-il ?

Point d'admiration.

ô temps ! ô mœurs ! que je suis malheureux !

Ces notions présentent, en un petit nombre de pages, les règles qui doivent nous guider dans l'étude de l'orthographe françoise, que je définis :

L'art d'être correct dans l'emploi des caractères et des signes de notre langue.

---

tionnée par la confiance aveugle, va se propager dans toute la république, imprimée et distribuée à grands frais pour le tourment de l'enfance, et la déformation des esprits.

NOMENCLATURE ALPHABÉTIQUE

DES MOTS A DIFFICULTÉS,

Avec leurs homonymes et quelques règles d'orthographe, pour servir de complément aux NOTIONS ORTHOGRAPHIQUES.

A V I S.

Cette nomenclature offre aux jeunes ortho-graphistes un moyen facile d'acquérir l'usage. Presque tous les mots à difficultés de la langue usuelle, s'y trouvent, ou sont représentés par un mot de la famille, ou sont rappelés à des règles d'analogie.

Je veux écrire *arroser*, je cherche ce mot, et ne le trouve pas. Mais je trouve *arrosoir.* Ce mot, qui est de la famille, représente *arroser*, et m'indique un double *r.*

Je veux écrire *pardonner*, je rappelle ce mot à la règle qui est sous *abandonner*, et je vois qu'il faut deux *n.* Il est très essentiel de savoir parfaitement la lettre *a*, parce que c'est à elle sur tout que j'ai rapporté les règles générales.

J'ai consigné dans cette nomenclature les

exceptions aux règles que présentent les *notions*.

Ici l'on trouvera la définition des mots qui peuvent embarrasser les jeunes personnes dans la lecture des *notions* ; et celle des termes propres à l'étude de la langue sous le double rapport de la correction et du goût. Pour l'explication des autres mots, il faut recourir aux vocabulaires ; on ne doit pas oublier que je ne donne, dans le moment, qu'une nomenclature orthographique.

A.

à, a-d'a. il est à Paris. *Homonymes. a*, a-cb. il a ; *ah* , exclamation de joie, de douleur : ah , que l'homme de bien est heureux ! ah, que le méchant est à plaindre ! *ha*, exclamation de surprise: ha , vous voilà ! je ne vous attendois pas.

abaissement. s. m. *Règle.* Tous les substantifs en *man* , dérivés des attributs combinés , s'écri-vent *ment* : *remercier* , remerciment ; *contenter*, contentement, etc.

abandonner. a-cb. *Règle.* Tous les attributs combinés en *oner* avec l'o aigu prennent deux n: *tonner, foisonner, entonner*, etc. Il en est de même de leurs dérivés.

abâtardissement. s. m. *Règle.* Tous les substantifs en *isseman* modèlent leur finale sur celle d'abâtard*issement* : gémi*sse-ment*, vag*issement*, etc.

abbaye. s. f.

abbé, esse. a p.

N. B. Le *b* ne se re-double que dans la famille d'*abbé*, de *rabbin*, et de *sabbat*.

abdication. s. f. *Règle.* Les substantifs en *sion* modèlent leur finale sur *abdication* : modéra*tion*, jonc*tion*, etc. excepté admission ; cession de biens, commission, compassion, compression, concession, concussion, confession ; discussion ; expression; impression ; mission ; obsession, omission, oppression; passion, possession, pression, procession ; rémission, répercussion; scission, session du corps législatif : animadversion, appréhension, ascension, aspersion, aversion ; compréhension, contorsion, conversion, convulsion ;

dispersion, dissension ; diversion ; extorsion; immersion, impulsion, inversion ; pension, propension ; submersion, subversion ; version ; complexion, connexion; flexion, fluxion, génuflexion ; réflexion, et sans doute quelques autres.

abécédaire. a-p.

abhorrer. a-cb.

abject, abjecte. a-p.

aboiement. s. m.

abondamment. a-d'a. *Règle.* Les attributs d'attribut formés d'attributs particuliers en *ant*, conservent l'*a* et redoublent le *m* : de *savant, savamment* ; d'*abondant, abondamment.*

abondance. s. f. *Règle.* Tous les subst. en *anse* dérivés des attributs particuliers en *ant* ou *ent* se terminent par *ce* : abondant, abondance, impatient, impatience, etc.

aboutissant, e. a-p.

Règle. Les attributs particuliers en *issan* dérivés des attributs combinés, modèlent leur finale sur *aboutissant* : de divertir, divertis*sant* ; de finir, finis*sant*, etc.

absence. s. f.

absinthe. s. f.

absorbant, e. a-p. *Règle.* Les attributs particuliers en *ant* dérivés des attributs combinés, modèlent leur finale sur *absorbant* : d'aimer, aimant ; de lire, lis*ant*, etc.

abstinence. s. f.

abstrait, e. a-p. Un chapeau me présente plusieurs qualités : la forme, la couleur, la finesse. Ces qualités sont inhérentes au chapeau, constituent le chapeau. Mais si je les considère séparément, en les détachant du chapeau, et que je dise, la *rondeur*, la *finesse*, etc. ce sont des substantifs

abstraits.

abyme. s. m. 20

académicien, enne. a-p. *Règle.* Les féminins des a-p. en *ien* modèlent leur finale sur *académicienne* : de musicien, musicienne ; d'ancien, ancienne, etc.

acariâtre. a-p. Les a-p. en *âtre* prennent l'acc. circ. rougeâtre, verdâtre, etc.

accablement. s. m.

accepter. a-cb.

acception. s. f.

accès. s. m.

accessible. a-p.

accessoire. a-p.

accident. s. m.

acclamation. s. f.

accolade. s. f.

accommoder. a-cb.

accompagner. a-cb.

accomplir. a-cb.

accord. s. m.

accoster. a-cb.

accoucher. a-cb.

accoupler. a-cb.

accourir. a-cb.

accoutumer. a-cb. 20

accroire. a-cb.

accroissement. s. m.

accroître. a-cb.

accueillir. a-cb. j'ac-cueille , tu accueilles , etc. j'accueillerois , tu accueillerois , etc. j'ac-cueillerai, etc. accueilli. accueillant.

accumuler. a-cb.

accusation. s. f.

achoppement. s. m.

acide. a-p.

acier. s. m. *Règle.* Les subst. en *ié* prennent un *r*, comme acier: prunier, charpentier , foyer, etc. excepté moitié , pitié , amitié , inimitié ,. pied.

acquérir. a-cb. j'ac-quiers ; j'acquerrois ; j'ac-querrai.

acquiescer. a-cb.

acquit. s. m.

acquitter. a-cb.

âcreté. s. f.

actionnaire. a-p.

actuel, elle. a-p. *Règle.* Les féminins des attrib.

part. en *el* prennent deux *l* : solennel , solenn*elle* ; annuel, annu*elle* , etc. et l'attribut d'att. con-serve ces deux *l* : solen-n*elle*ment, annu*elle*ment etc.

adhésion. s. f.

adolescent, e. a-p. *Rè-gle.* Voulez-vous connoî-tre la lettre nulle d'un mot ? voyez les mots de sa famille. Adolescen*te* indique un *t* dans ado-lescen*t* ; plom*ber*, un *b* dans plom*b* ; marchan*de*, un *d* dans marchan*d* ; dra*pier*, un *p* dans dra*p* , etc. Cette règle n'est pas infaillible , mais elle fa-cilite l'usage.

adresse. s. f. *Règle.* Tous les subst. en *esse* avec l'*e* moyen modèlent leur finale sur *adresse* ; excepté Grèce , Lutèce , nièce , pièce , espèce , vesce , légume.

adversaire. a-p.   20

adversité. s. f.

affaire.

affaire. s. f.

affaissement. s. m.

affèterie. s. f.

affliger. a-cb. nous af-
fligeons. j'affligeois. j'af-
fligeai. affligeant. *Règle.*
Pour adoucir le *g* devant
a, *o*, *u*, on interpose
un *e* nul.

affront. s. m.

afin. a-d'a. *Règle.* Tous
les mots qui commencent
par *af* redoublent le *f*,
excepté *afin.*

agaçant, e. a-p.

age. s. m.

agencement. s. m.

agent. a-p.

aggraver. a-cb.

agio. s. m.

agneau. s. m.

agresseur. a-p.

aide. s. f.

aïeul. s. m. nos aïeux.

aigle. s. m. On dit
pourtant l'aigle impéria-
le, les aigles romaines.

aigre. a-p.

aigre - doux, aigre -
douce. a-p. des oranges

aigre-douces. 20

aigrette. s. f. *Règle.*
Les subst. et les attributs
partic. en *ète* prennent
deux *t*, comme *aigrette*,
excepté planète, comète,
prophète, poéte; com-
plet, complète, replet,
replète, athlète, proxé-
nète, épithète, centripè-
te; concret, concrète,
diète, discret, discrète,
inquiet, inquiète.

aigu, aiguë. a-p.

ail. s. m. les aulx.

aile. s. f. d'oiseau.

ailleurs. a-d'a.

aimant. s. m.

aimer. a-cb.

aîné. a-p.

ainsi. a-d'a. *N.B.* C'est
le seul mot qui commen-
ce par *ain.*

air. s. m.

airain. s. m.

aise. s. f. a-p.

aisément. a-d'a. Tous
les a-d'a. en *ment* formés
d'attr. part. en *é* fermé,
retiennent l'*é* fermé:

K k

inopiné , inopinément ;
obstiné , obstinément ;
carré , carrément , etc.
On écrit aussi commodé-
ment , communément ,
diffusément , énormé-
ment, expressément, uni-
formément, confusément,
précisément , profondé-
ment.

alambic. s. m.
albâtre. s. m.
alentour. a-d'a.
alimentaire. a-p.
allaiter. a-cb.
allée. s. f.
aller. a-cb. je vais, tu
vas, il va ; ils vont. j'i-
rois. j'irai. va, vas-y. 20
alliance. s. f.
allumer. a-cb.
almanach. s. m.
alphabet. s. m.

amande, fruit. s. f.
Hom. amende, peine.

amateur, trice. a-p.
amazone. a-p. f.
ambassadeur, drice. a-
p. La nasale devant p et
b, se forme par m, ex-

cepté bonbon , bonbon-
nière, embonpoint.
ambigu , ë. a-p.
ambitieux , se. a-p.
ambroisie. s. f.
amonceler. a-cb. j'a-
moncelle. Règle. Après
l'e muet, on ne redouble
pas la consonne : jeter ,
je jette ; appeler, j'ap-
pelle, etc.

amorcer. a-cb. Nous
amorçons. j'amorçois.
j'amorçai. amorçant. Rè-
gle. On emploie la cédille
pour adoucir le c devant
a, o et u.

amoureux , se. a-p.
Règle. Tous les attr. par.
en eu prennent un x, au
singulier , excepté bleu
et hébreu.
amphibie. a-p.

amphibologie. s. f. dou-
ble sens. La représenta-
tion du Tartuffe avoit
été défendue par le pre-
mier président, Harlay,
qui se piquoit de dévo-
tion ; Molière dit aux

spectateurs : M^{rs}. nous devions , aujourd'hui , vous donner le Tartuffe, mais M. le premier président ne veut pas qu'on *le* joue. Ce *le* présente deux sens, il peut se rapporter au Tartuffe et au premier président. Cette amphibologie fait épigramme ; mais ordinairement l'amphibologie est un vice de diction , qu'il faut soigneusement éviter.

amphithéatre. s. m.

ample. a-p.

ampoulé. a-p. un style ampoulé est celui où il y a de grands mots et de petites idées.

analyse. s. f. Décomposition d'un tout en ses différentes parties.   20

ancêtres. s. m. pl.

anchois. s. m.

ancien, enne. a-p.

ancre de vaisseau. s. f. *Hom.* encre à écrire.

andouille. s. f.

âne. s. m.

angar. s. m.

ange. a-p.

année. s. f.

annexer. a-cb.

anniversaire. a-p.

annonce. s. f.

annuller. a-cb.

anonyme. a-p.

antécédent , e. a-p.

antipathie. s. f.

antiphrase. s. f. Expression dont l'acception est contraire au sens qu'elle présente. C'est par antiphrase qu'on appelle *euménides* , c'est-à-dire, bienveillantes , les furies atroces ; *Pont - Euxin* , c'est-à-dire , mer hospitalière, la mer noire , où les naufrages étoient fréquents.

antiquaire. a-p.

antithèse. s. f. Opposition. Il y a une antithèse dans les vers suivants :

Vicieux, pénitent ; courtisan, solitaire ,

K k 2

Il prit, quitta, reprit la cuirasse et la haire.

Et dans cette phrase :

La jeunesse vit d'espérance, et la vieillesse, de souvenir.

antre, caverne. s. m.
Hom. entre, a-d'a.   20
août. s. m.
apaiser. a-cb.
apathie. s. m.
apercevoir. a-cb. j'a-perçois. j'aperçus. aperçu. Tous les attrib. combinés en *ap*, excepté *apaiser* et *apercevoir* prennent deux *p* : *app*artenir, *opp*rendre, etc.
apothéose. s. f.
apôtre. a-p.
appareil. s. m.
apparent, e. a-p.
apparoître. a-cb. j'apparois.
appartement. s. m.
appas, charmes. s. m.
appât, pâture pour attirer.
appétit. s. m.
application. s. f.
appoint. s. f.

appointement. s. m.
apprendre. a-cb. j'apprends, tu apprends, il apprend. *Règle.* Les attributs comb. en *andre*, en *endre* et en *ondre* se modèlent sur *apprendre.* On écrit encore, il sie*d*, il mor*d*, et quelques autres.
apprenti, e. a-p.
apprentissage. s. m.
approbation. s. f.   20
âpre. a-p.
après. a-d'a.
araignée. s. f.
arbitraire. a-p.
arc-en-ciel. s. m. des arc-en-ciels.

archet de violon. s. m. *Règle.* L'*e* moyen final est ordinairement suivi d'un *t* ; obj*et*, proj*et*, val*et*, etc.
ardemment. a-d'a.
argent. s. m.
argumenter. a-cb.
arithméticien, enne. a-p.
armistice. s.m. et non f.
arpent. s. m.

arracher. a-cb.

arranger. a-cb.

arrêt. s. m.

arrhes. s. f. pl.

arrière. a-d'a.

arrivée. s. f.

arrogamment. a-d'a.

arrondissement. s. m. 20

arrosoir. s. m.

arsenal. s. m.

arsenic. s. m.

artichaut. s. m.

artifice. s. m.

ascendant. s. m.

asile. s. m.

aspect. s. m.

assaillir. a-cb. j'assaille,
tu assailles, il assaille etc.

assaisonner. a-cb.

assassinat. s. m.

assaut. s. m.

assembler. a-cb.

asseoir. a-cb. j'assieds,
tu assieds, il assied ; nous
asseyons, vous asseyez,
ils asseyent. j'assiérois.
j'asseyois. j'assis. j'assié-
rai. assieds. que j'asseye.
que j'assisse. asseyant.

assertion. s. f.

asservir. a-cb.

assez. a-d'a.

assidu , e. a-p.

assiéger. a-cb.

assiette. s. f.   20

assigner. a-cb.

assimiler. a-cb.

assistance. s. f.

associer. a-cb.

assommer. a-cb.

assortir. a-cb.

assoupir. a-cb.

assourdir. a-cb.

assouvir. a-cb.

assujettissement. s. m.

assurance. s. f.

astreindre. a-cb.

astuce. s. f.

atelier. s. m.

athée. a-p.

atmosphère. s. f.

atrabilaire. a-p.

âtre. s. m.

atroce. a-p.

attacher. a-p.   20

attaquer. a-cb.

atteinte. s. f.

attendre. s. f.

attendrir. a-cb.

attentat. s. m.

attention. s. f.

atténuer. a-cb.

atterrer. a-cb.

attestation. s. f.

atticisme. s. m.

attiédissement. s. m.

attirail. s. m.

attiser. a-cb.

attitrer. a-cb.

attitude. s. f.

attouchement. s. m.

attraction. s. f.

attrait. s. m.

attraper. a-cb.

attribuer. a-cb.   20

attrister. a-cb.

attroupement. s. m.

aube. s. f.

auberge. s. f.

audace. s. f.

audience. s. f.

augmenter. a-cb.

augure. s. m.

auguste. a-p.

aune. s. f.

aurore. s. f.

auspice par le vol, par le chant des oiseaux. s. m. *Hom. hospice*, maison de bienfaisance.

autel de la patrie. s. m. *Hom.* hôtel, logis.

auteur. a-p. *Hom.* hauteur, élévation.

authenticité. s. f.

automne. s. m. ou f.

autorité. s. f.

autrui. s. m.

avancer. a-cb.

avarice. s. f.   20

aventure. s. f.

azur. s. m.   262

B

bagatelle. s. f. *Règle.* Les subst. et les a-p. en *èle* avec l'*e* moyen prennent deux *l* : vaisselle, nacelle, solennelle, belle, etc. excepté mo-

dèle, clientèle, érysipèle, fidèle.

baignoire. s. f.

bain. s. m.

baïonnette. s. f.

baiser. a-cb. s. m.

baisser. a-cb.

balai. s. m.

balance. s. f.

balbutier. a-cb.

balle. s. f.

ballet. s. m.

ballon. s. m.

ban, proclamation. s. m. *Hom.* banc pour s'asseoir.

bande. s. f.

bandeau. s. m.

bandit. a-p.

bannière. s. f.

bannir. a-cb.

barreau. s. m.

basin. s. m.   20

bassin. s. m.

bât de mulet. s. m.

bataille. s. f.

bateau. s. m.

bâtiment. s. m.

bâton. s. m.

battologie. s. f. Répétition inutile d'une même chose.

battre. a-cb.

baume. s. m.

beau, belle. a-p.

bec-figue. s. m.

bêche. s. f.

becqueter. a-cb.

bégaiement. s. m.

bêler. a-cb.

bénéfice. s. m.

benêt. a-p.

berceau. s. m.

betterave. s. f.

beurre. s. m.   20

biais. s. m.

bibliothécaire. a-p.

bienfaisance. s. f.

bienfait. s. m.

bienséance. s. f.

bigarrure. s. f.

bijou. s. m. les bijoux.

billet. s. m.

bizarre. a-p.

blâmer. a-cb.

blanchisserie. s. f.

blasphème. s. m.

blé. s. m.

blême. a-p.

bleu, e. a-p. yeux bleus.

bœuf. s. m.

boisseau. s. m.

boisson. s. f.

boîte, ustensile. s. f.

bonheur. s. m.   20

bonhomie. s. f.

bonnet. s. m.

braise. s. f.   20

bordereau. s. m.

brancard. s. m.

bosse. s. f.

branche. s. f.

botte. s. f.

brebis. s. f.

bouffissure. s. f.

brin. s. m.

bouffon, onne. a-p.

brocard, raillerie. s.

bouillir. a-cb. je bous,

m.

tu bous, il bout. nous

brodequin. s. m.

bouillons. je bouillirai.

brosse. s. f.

boulanger, ère. a-p.

brouillard. s. m.

boulevart. s. m.

broussailles. s. f. pl.

bouleverser. a-cb.

brûlot. s. m.

bourgeois, e. a-p.

bûche. s. f.

bourgeonner. a-cb.

buffet. s. m.

bourreau. a-p.

buis. s. m.

bourrique. s. f.

buisson. s. m.

bourse. s. f.

bulletin. s. m.

boussole. s. f.

bureau. s. m.

bout. s. m.

butte. s. f.   97

bracelet. s. m.

C

câble. s. f.

cadre. s. m.

cachot. s. m.

caduc, uque. a-p.

cacophonie. s. f. mau-

caducée. s. m.

vais son.

café. s. m.

cadeau. s. m.

cahier. s. m.

cadenas. s. m.

cahot, saut de voiture.

cadence. s. f.

s. m. *Hom.* chaos, con-

cadran. s. m.

fusion.

caillou.

caillou. s. m. des cail-
lous.

caisse. s. f.

cajoler. a-cb.

calciner. a-cb.

calendrier. s. m.

camp, style militaire.
s. m.

candidat. a-p.　20

cane, oiseau aquati-
que. s. f. *Hom.* canne,
bâton.

canevas. s. m.

canonnade. s. f.

capacité. s. f.

capitaine. a-p.

caprice. s. m.

captieux, se. a-p.

caractère. s. m.

carnassier, ère. a-p.

carquois. s. m.

carré, e. a-p.

carrière. s. f.

carrillon. s. m.

carriole. s. f.

carrosse. s. m.

carrousel. s. m.

carte à jouer. s. f.

cartier, marchand de
cartes. a-p. *Hom.* quar-

tier, un beau quartier.

casser. a-cb.

cassette. s. f.　20

cassonade. s. f.

catachrèse. s. f. aller
à cheval sur un *bâton*,
un cheval ferré d'*argent*,
une feuille de *papier* :
voilà des catachrèses. La
catachrèse, qui signifie
abus, est l'usage forcé
d'un terme primitive-
ment destiné à l'expres-
sion d'une autre idée.

catastrophe. s. f.

catholicisme. s. m.

caveau. s. m.

cause. s. f.

causticité. s. f.

caution. s. f.

ce, cet, cette. a-p.
Hom. se, soi. *Règle.* se,
pouvant se construire
avec l'indéfini, s'écrit *se* ;
par-tout ailleurs, *ce*. Il *se*
divertit ; on peut dire,
se divertir, écrivez par *s.*
Voyez *ce* marbre ; on ne
peut pas mettre l'indé-
fini, écrivez par *c.*

L l

céder. a-cb.

cédrat. s. m.

ceindre. a-cb.

célèbre. a-p.

céler, cacher. a-cb. *Hom.* seller un cheval; sceller une patente.

célérité. s. f.

céleste. a-p.

célibataire. a-p.

cellier pour le vin. a-p. *Hom.* sellier, marchand de selles.

cellule. s. f.

celui, celle. s. ceux, celles; celui-ci, celle-ci, ceux-ci; celui-là, celle-là, ceux-là.

cendre. s. f.

cène, terme de relig. chrét. s. f. *Hom.* scène de théâtre; Seine, rivière; saine, féminin de sain.

censé, réputé, a-p. *Hom.* sensé, qui a du sens.

censeur. a-p.

cent, marquant le nombre. a-p. *Hom.* sang des veines; il sent; le sens commun; sans vous.

centaure. a-p. m.

centre. s. m.

cep. s. m.

cercle. s. m.

cercueil. s. m.

cérémonie. s. f.

cerise. s. f.

cerneau. s. m.

certain, aine. a-p.

certificat. s. m.

cerveau. s. m.

cervelas. s. m.

cesse. s. f. sans cesse.

chaîne, lien. s. f. *Hom.* chêne, arbre.

chair, de l'animal. s. *Hom.* cher, ère. a-p.

chaire, siège. s. f. *Hom.* chère. f. de cher. bonne chère.

chaland, e. a-p.

chalumeau. s. m.

chamarrer. a-cb.

chameau. s. m.

chamois. s. m.

champ, étendue de terre. *Hom.* chant de musique.

champêtre. a-p.

chance. s. f.

chanceler. a-cb.

chariot. s. m.

charpentier. a-p.

charretier. a-p.

charrette. s. f.

charrue. s. f.

chasselas. s. m.

chasser. a-cb.

châtaigne. s. f.

château. s. m. La caractéristique du pluriel, dans les mots en *au, eau, œu, eu, ieu* et *yeu* est *x*. Les chev*aux*, les châte*aux*, les v*œux*, les jeux, les pi*eux*, les y*eux*.

châtier. a-cb. 20

chaud, e. a-p. *Hom.* chaux, de la chaux.

chauffage. s. m.

chaume. s. m.

chaussure. s. f.

chauve. a-p.

chef - d'œuvre. s. m. Quelquefois un substantif est composé de plusieurs mots ; la marque du pluriel se met au dernier. Un chef-d'œuvre, des chef-d'œuvres ; un entre-sol, des entre *sols*, etc.

cheveu. s. m.

chevreau. s. m.

chiffon. s. m.

chiffre. s. m.

chimie. s. f.

chœur de musique. s. m. *Hom.* cœur de l'animal.

choix. s. m.

chômer. a cb.

chou. s. m. les choux.

choyer. a-cb. je choie.

chrétien, enne. a-p.

chronologie. s. f.

cicatrice. s. f.

cidre. s. m. 20

ciel. s. m. les cieux ; les ciels de lit, de tableau.

cierge. s. m.

ciguë. s. f.

cil. s. m.

cime. s. f.

ciment. s. m.

cimetière. s. m.

cingler. a-cb.

L l 2

cintre. s. m.

circonférence. s. f.

circonscrit, e. a-p.

circonstance. s. f.

circuit. s. m.

cire. s. f.

cirque. s. m.

ciseau. s. m. des ciseaux.

cité. s. f.

citer. a-cb.

citoyen, enne. a-p.

citronnier. s. m.   20

citrouille. s. f.

civil, e. a-p.

clair, e. a-p. *Hom.*

clerc, un clerc.

clairon. s. m.

classe. s. f.

clavessin. s. m.

clause. s. f.

clef. s. f.

clémence. s. f.

client. a-p.

clin. s. m.

clinquant. s. m.

cliquetis. s. m.

clocher. s. m. a-cb.

cloître. s. m.

clorre. a-cb. il clôt.

clou. s. m. des clous.

coasser. a-cb.

coffre. s. m.

cohorte, s. f.   20

cohue. s. f.

coiffe. s. f.

coïncider. a-cb. tomber, arriver en même temps.

colère. s. f. a-p.

collation. s. f.

collège. s. m.

coller. a-cb.

collier. s. m.

colline. s. f.

colonnade. s. f.

coloris. s. m.

colosse. s. m.

combinaison. s. f.

commander. a-cb.

commencer. a-cb.

commensal, e. a-p.

commentaire. s. m.

commercer. a-cb.

commis. a-p.

commisération. s. f. 20

commissaire. a-p.

commode. a-p.

commotion. s. f.

communauté. s. f.

communiquer. a-cb.

comparoître. a-cb.

comparaison. s. f.

compensation. s. f.

compétence. s. f.

complice. a-p.

comprendre. a-cb.

comptant , argent comptant. *Hom.* con - tant , récitant ; content , satisfait.

compte, calcul, état. s. m. *Hom.* conte, récit ; comte, mot proscrit par la révolution.

compter , calculer , faire état. a-cb. *Hom.* conter , réciter.

concerner. a-cb.

concert. s. m.

concevoir. a-cb.

concilier. a-cb.

concis , e. a-p.

concordance. s. f. 20

concours. s. m.

concurremment. a-d'a.

condamner. a-cb.

condescendance. s. f.

condoléance. s. f.

conférence. s. f.

confidence. s. f.

confire. a - cb. nous confisons.

conflit. s. m.

confondre, a-cb.

connivence. s. f.

connoître. a-cb.

conquête. s. f.

conscience. s. f.

conseil. s. m.

consentement. s. m.

conséquence. s. f.

conserver. a-cb.

considérer. a-cb.

consigner. a-cb.   20

consistance. s. f.

consommer. a-cb.

consonnance. s. f.

constamment. a-d'a.

consulaire. a-p.

consulat. s. m.

conte. s. m. v. compte.

contemporain , e. a-p.

contendant , e. a-p.

contentieux , se. a-p.

contraindre. a-cb.

contraire. a-p.

contrat. s. m.

contrebande. s. f.

contrecarrer. a-cb.

contredire. a-cb. nous contredisons, vous contredisez.

contrefaire. a-cb. nous contrefaisons, vous contrefaites.

contrôler. a-cb.

controverse. s. f.

convaincre. a - cb. je convaincs, tu convaincs, il convainc.   20

convalescence. s. f.

convention. s. f.

converser. a-cb.

copeau. s. m.

coq. s. m.

coquetterie. s. f.

cor, durillon, trompe de chasse. *Hom.* corps : le corps de l'animal.

corbeau. s. m.

corpulence. s. f.

correct, e. a-p.

correspondance. s. f.

corridor. s. m.

corriger. a-cb.

corrompre. a - cb. je corromps, tu corromps, il corrompt.

corsaire. a-p.

corset. s. m.

côté. s. m.

coteau. s. m.

coudraie. s. f.

coudre. a-cb. je couds, tu couds, il coud. pass. déf. je cousis. Pass. du compl. il falloit que je cousisse.   20

coulis. s. m.

coulisse. s. f.

cour. s. f. *Hom.* court, e. a-p. je cours, il court, a-cb. un cours. s. m.

couronne. s. f.

courrier. a-p.

courroucer. a-cb.

courroux. s. m.

course. s. f.

couteau. s. m.

coutelas. s. m.

coûter. a-cb.

couvrir. a-cb. je couvre.

craie. s. f.

craindre. a-cb.

cran. s. m.

crâne. s. m.

crasse. s. f.

crayon. s. m.

créance. s. f.

crédit. s. m.   20

crème. s. f.

créneau. s. m.

cresson. s. m.

crête. s. f.

crevasse. s. f.

crève-cœur. s. m.

cri, voix poussée. s. m. *Hom.* cric, machine.

croassement. s. m.

croître. a-cb.

croix. s. f.

croquis. s. m.

crotte. s. f.

croûte. s. f.

cruauté. s. f.

cueillir. a-cb. je cueille, nous cueillons.

cuiller. s. f.

cuirasse. s. f.

cuisse. s. f.

culotte. s. f.   299

D

daigner. a-cb.

dais. s. m.

damner. a-cb.

danger. s. m.

danse. s. f. *Hom.* dense. a-p.

date d'une lettre. s. f. *Hom.* datte, fruit. s. f.

davantage. a-d'a.

débauche. s. f.

déblayer. a-cb.

debout. a-p. invar.

décadence. s. f.

décéder. a-cb.

décéler. a-cb.

décembre. s. m.

décemment. a-d'a.

décerner. a-cb.

déchéance. s. f.

décider. a-cb.

déciller, mieux, que dessiller. a-cb.

décision. s. f.   20

dédicace. s. f.

dédire. a-cb. vous dédisez.

défaillir. a-cb. nous défaillons.

défaire. a-cb. vous défaites.

défaut. s. m.

défense. s. f.

déférence. s. f.

défrayer. a-cb. je dé-fraye.

dehors. a-d'a.

déjeûner ou déjeûné. s. m.

délai. s. m.

délice. s. m. au sing. f. au pluriel.

délit. s, m.

délivrance. s. f.

demain. a-d'a.

demander. a-cb.

démence. s. f.

demi, e. a-p. une demi-livre ; une livre et demie.

dénoncer. a-cb.

dénoûment. s. m. 20

denrée. s. f.

dentelle. s. f.

dénûment. s. m.

dépécer. a-cb.

dépêcher. a-cb.

dépendre. a-cb.

dépenser. a-cb.

dépêtrer. a-cb.

déployer. a-cb.

dépositaire. a-p.

dépôt. s. m.

déprécier. a-cb.

derrière. a-d'a.

descendre. a-cb.

désinence. s. f.

désintéressement. s. m.

désir. s. m.

dès-lors. a-d'a.

désormais. a-d'a.

dessein. s. m. et jamais dessin. 20

dessert. s. m.

dessiner. a-cb.

dessous. a-d'a. au-dessous, par-dessous, là-dessous, ci-dessous.

dessus. a-d'a. au dessus, par-dessus, là-dessus, ci-dessus.

désuétude. s. f.

détendre. a-cb. je détends, il détend.

détresse. s. f.

dette. s. f.

devancer. a-cb.

devant. a-d'a. ci-devant

développer. a-cb.

dévot, e. a-p.

diadème. s. m.

diamant. s. m.

dictionnaire. s. m.

diffamer.

diffamer. a-cb.

différent, e. a-p. marquant l'état. *Hom.* différant, marquant l'action. Tels sont résident, résidant ; président, présidant ; excellent, excellant.

difficile. a-p.

difforme. a-p.

diffusément. a-d'a. 20

digression. s. f.

diligemment. a-d'a.

dîner ou dîné. s. m.

diphthongue. s. f. deux sons dans une syllabe.

dire. a-cb. vous dites.

discerner. a-cb.

disciple. a-p.

dispendieux, se. a-p.

dispenser. a-cb.

disserter. a-cb.

dissimuler. a-cb.

dissiper. a-cb.

dissoudre. a-cb.

dissuader. a-cb.

dissyllabe. a-p. composé de deux syllabes.

distance. s. f.

distinct, e. a-p.

divorce. s. m.

dixième. a-p.

dizaine. s. f. 20

docile. a-p.

doigt. s. m.

domaine. s. m.

dôme. s. m.

domicile. s. m.

dommage. s. m.

dompter. a-cb.

dorénavant. a-d'a.

dossier. s. m.

doux, ouce. a-p.

douzaine. s. f.

drapeau. s. m.

dresser. a-cb.

drôlerie. s. f.

du *pour* de le. *Hom.* dû, de devoir.

duplicité. s. f.

durcir. a-cb. 117.

E

eau. s. f.

ébahi, e. a-p.

ébauche. s. f.

ébène. s. f.

M m

ébranler. a-cb.

échafaud. s. m.

échalas. s. m.

échantillon. s. m.

échapper. a-cb.

échasse. s. f.

échéance. s. f.

écho. s. m. l'écho des bois. *Hom.* écot, quote-part.

échoir. a-cb. il échoit. j'écherrois, j'écherrai, échéant.

éclaircir. a-cb.

éclorre. a-cb. il éclôt.

écorce. s. f.

écriteau. s. m.

écrivain. a-p.

écueil. s. m.

édifice. s. m.   20

effacer. a-cb.

effaroucher. a-cb.

efféminer. a-cb.

effervescence. s. f.

effet. s. m.

efficace. a-p.

effleurer. a-cb.

effort. s. m.

effrayer. a-cb.

effroi. s. m.

effronté, e. a-p.

égard. s. m.

égout. s. m.

égrugeoir. s. m.

élancer. a-cb.

électricité. s. f.

élégamment. a-d'a.

élémentaire. a-p.

éléphant. s. m.

ellipse. s. f. Suppression de mots.   20

éloquence. s. f.

émanciper. a-cb.

embarras. s. m.

embouchure. s. f.

embraser. a-cb.

embrasser. a-cb.

embûche. s. f.

émission. s. f.

emmagasiner. a-cb. *R.* Tous les *an* introductifs s'écrivent par *e* : emmaigrir, emmailloter, etc.

émousser. a-cb.

empêchement. s. m.

empire. s. m.

emplâtre. s. m.

emplir. a-cb.

employer. a-cb.

empois. s. m.

emporter. a-cb.

empreinte. s. f.

empressement. s. m.

emprunt. s. m.　　20

épallage. s. f. un temps pour un autre.

encan. s. m.

encens. s. m.

enclin, ine. a-p.

enclume. s. f.

encolure. s. f.

encre à écrire. s. f. v. ancre.

enfler. a-cb.

enfoncement. s. m.

enfreindre. a-cb.

engeance, s. f.

engelure. s. f.

engoûment. s. m.

enjôler. a-cb.

enjoûment. s. m.

enivrer. a-cb.

enlèvement. s. m.

ennemi, e. a-p.

ennui. s. m.

énoncer. a-cb.　　20

enorgueillir. a-cb.

enseigner. a-cb.

ensemble. a-d'a.

entendre. a-cb.

enthousiasme. s. m.

entier, ère. a-p.

entour. s. m.

entrailles. s. f. pl.

entraîner. a-cb.

entraves. s. f. pl.

entrée. s. f.

entrer. a-cb.

envahir. a-cb.

envie. s. f.

environ. a-d'a.

envoyer. a-cb.

épais, aisse. a-p.

épanchement. s. m.

épandre. a-cb.

épaule. s. f.　　20

éphémère. a-p.

épigramme. s. f. L'expression d'une pensée fine et satyrique.

épigraphe. s. f. Sentence qu'on met à la tête d'un ouvrage.

épistolaire. a-p.

épithalame. s. f. chant nuptial.

épithète. s. m. attribut particulier qui donne de la grace ou de la force.

épouvanter. a-cb.

époux, se. a-p.

ermite. a-p.

errer. a-cb.

espace. s. m.

espèce. s. f.

espérance. s. f.

esquisse. s. f.

essai. s. m.

essaim. s. m.

essayer. a-cb.

essence. s. f.

essentiel. a-p.

essor. s. m.　　　20

essouffler. a-cb.

essuie-main. s. m.

estampe. s. f.

étain, métal. s. m.

étang. s. m.

état. s. m.

étayer. a-cb. j'étaye.

éteindre. a-cb.

étendard. s. m.

étincelle. s. f.

étoffe. s. f.

étonnement. s. m.

étouffer. a-cb.

étranger, ère. a-p.

étrangler. a-cb.

étrécir. a-cb.

étreinte. s. f.

étrenne. s. f.

étymologie. s. f. Origine des mots.

éventail. s. m.　　20

éversion. s. f.

évidence. s. f.

euphonie. s. f. Son agréable.

exaucer, écouter favorablement. *Hom.* exhausser, élever.

excéder. a-cb.

excellent, e. a-p.

excepter. a-cb.

excessif, ve. a-p.

exciter. a-cb.

excursion. s. f.

exemple. s. m. exemple d'écriture. s. f.

exempt, e. a-p.

exercice. s. m.

exhalaison. s. f.

exhorter a-cb.

expédient. s. m. a-p.

expérience, s. f.

expressément. a-d'a.

expulsion. s. f.

extension. s. f.　　20

extinction. s. f.

extrême. a-p.　　162

F

façade. s. f.

face. s. f.

fâcher. a-cb.

facile. a-p.

façon. s. f.

factice. a-p.

fadaise. s. f.

faïence. s. f.

faim. s. f. grand appétit. *Hom.* fin d'un ouvrage; fin, fine; feint, e.

faire. a-cb. nous fesons, vous faites, ils font. Je ferois. Je ferai. Je fesois. Fesant.

faisan. s. m.

faisceau. s. m.

faîte. s. m. le comble. *Hom.* fête, un jour de fête.

faix. s. m. fardeau.

falsification. s. f.

fantaisie. s. f.

fantôme. s. m.

faon. s. m.

farce. s. f.

fardeau. s. m. 20

faubourg. s. m.

faussaire. a-p.

faute. s. f.

fauve. a-p.

faux, sse. a-p.

faux. s. f.

feindre. a-cb.

félicité. s. f.

féliciter. a-cb.

femme. s. f.

fendre. a-cb.

fenêtre. s. f.

fermentation. s. f.

féroce. a-p.

ferrer. a-cb.

fervent, e. a-p.

feu, feue. a-p. feu ma mère, ma feue mère.

fiancer. a-cb.

filigrane. s. m.

filou. a-p. des filous. 20

fils. a-p.

finance. s. f.

flageolet. s. m.

flambeau. s. m.

flamme. s. f.

flanc, partie du corps.

flatter. a-cb.

fléau. s. m.

flétrissure. s. f.

flotter. a-cb.

flûte. s. f.

foi. s. f. fidélité. *Hom.*

fois, une fois, deux fois.

foie, partie du corps.

foiblesse. s. f.

fomenter. a-cb.

foncer. a-cb.

fond. s. m. l'endroit le plus bas. *Hom.* fonds de terre; vous faites, ils font; les fonts baptismaux.

fondamental, e. a-p.

fontaine. s. f.

forçat. a-p.

force. s. f.   20

forêt. s. f.

forfait. s. m.

fossé. s. m.

fou, folle. a-p. les fous. Un fol orgueil.

foudre. s. f. avec une épithète, ou au pl. m. ou f.

fouetter. a-cb.

fournaise. s. f.

fourneau. s. m.

fourreau. s. m.

fracasser. a-cb.

frais, fraîche. a-p.

frais. s. m. pl.

fraise. s. f.

franc, franche. a-p.

frapper. a-cb.

fraude. s. f.

frayer. a-cb.

frein. s. m.

frêle. a-p.

fréquence. s. f.   20

fréquenter. a-cb.

friand, e. a-p.

fricasser. a-cb.

frimas. s. m.

fringant, e. a-p.

frissonnement. s. m.

froisser. a-cb.

froment. s. m.

froncer. a-cb.

frontispice. s. m.

fuir. a-cb. Nous fuyons, vous fuyez, ils fuient. Pass. sim. nous fuyions.

funéraire. s. m.

fuseau. s. m.

futaie. s. f.   94

G

gageure. s. f.

gai, e. a-p. *Hom*. gué, passer à gué.

gaîment. a-d'a.

gain. s. m.

galant, e. a-p.

galimatias. s. m.

gallicisme. s. m. Tour propre à la langue françoise.

gangrène. s. f.

garant, e. a-p.

garçon. a-p.

gâteau. s. m.

gâter. a-cb.

gauche. a-p.

gaule. s. f.

gaze. s. f.

gazette. s. f.

gazon. s. m.

gazouiller. a-cb.

geai. s. m.

gendarme. a-p.   20

gendre. a-p.

gêne. s. f.

généralat. s. m.

genou. s. m. les genous.

genre. s. m.

gens. s, pl. On dit : ces gens sont *bons*, et ce sont de *bonnes* gens ; les *vieilles* gens sont *soup-çonneux*; *tous* les gens de bien, *tous* les honnêtes gens.

gentil, ille. a-p.

gercer. a-cb.

germain. a-p.

gibecière. s. f.

gît. a-cb. à l'aff. pr. ci-gît. nous gisons, vous gisez, ils gisent. je gisois. gisant.

gîte. s. m.

glace. s. f.

glaive. s. m.

gland. s. m.

glisser. a-cb.

gomme. s. f.

gond. s. m.

gothique. a-p.

gouffre. s. m.   20

gourmand, e. a-p.

goût. s. m.

goutte. s. f.

grace. s. f.

gradin. s. m.

grain. s. m.

graisse. s. f.

grammaire. s. f.

grappe. s. f.

grasseyer. a-cb.

gratter. a-cb.

greffe. s. m. s. f.

grêle. s. f.

grès. s. m.

griffe. s. f.

grimace. s. f.

grincer. a-cb.

grotte. s. f.

guères ou guère. a-d'a.

guerre. s. f.   20

guinder. a-cb.

guirlande. s. f.   62

H

Les guillemets marquent l'aspiration du H.

» ha, excl. v. a.

habile. a-p.

habiller. a-cb.

habit. s. m.

habiter. a-cb.

habituer. a-cb.

» hableur. a-p.

» hache. s. f.

» hagard. a-p.

» haha. s. m.

» haie. s. f.

» haillon. s. m.

» haine. s. f.

» haïr. a-cb. je hais,
tu hais, il hait ; nous
haïssons, etc. je haïrois,
je haïssois. je haïrai. etc.
opt. hais.

» hâle. s. m.

haleine. s. f.

» haleter. a-cb.

» hallebarde. s. f.

» halte. s. f.

» hameau. s. m.   20

hameçon. s. m.

» hanche. s. f.

» hanneton. s. m.

» happer. a-cb.

» haquenée. s. f.

» harangue. s. f.

» haras. s. m.

» harceler. a-cb.

                » hardes.

» hardes. s. f. pl.

» hardi, e, a-p.

» hareng. s. m.

» hargneux. a-p.

» haricot. s. m.

harmonie. s. f.

» harnois. s. m.

» harpe. s. f.

» hasard. s. m.

» hâter. a-cb.

» hâve. a-p.

» havre-sac. s. m. 20

» hausser. a-cb.

» hautain, e. a-p.

» hautbois. s. m.

» hé, excl.

héberger. a-cb.

hébéter. a-cb.

hellénisme. s. m. Tour propre à la langue grecque.

» hem. excl.

hémisphère. s. m.

» hennir. a-cb.

» héraut d'armes. a-p. *Hom.* » héros, grand homme.

herbe. s. f.

héréditaire. a-p.

» hérisser. a-cb.

héroïne. a-p. f.

héroïque. a-p.

héroïsme. s. m.

hésiter. a-cb.

hétéroclite. a-p. irrégulier.

heure. s. f.　　　20

heureux. a-p.

» heurter. a-cb.

» hibou. s. m.

» hideux. a-p.

hier. a-d'a.

histoire. s. f.

histrion. a-p.

hiver. s. m.

» ho. excl. qui marque l'étonnement, l'indignation.

» hochet. s. m.

» holà. excl.

homicide. s. m. a-p.

hommage. s. m.

hommasse. a-p.

homonyme. a-p. qui s'écrit de plusieurs manières, et se prononce d'une seule.

honnête. a-p.

honneur. s. m.

honorable. asp.

N n

» honte. s. f.

hôpital. s. m.

horizon. s. m.   20

horloge. s. f.

» hormis. a-d'a.

horoscope. s. m.

horreur. s. f.

» hors. a-d'a.

hospitalité. s. f.

hostilité. s. f.

hôte, esse. a-p.

» houlette. s. f.

» houssine. s. f.

» huée. s. f.

huile. s. f.

huissier. a-p.

huit. a-p. on dit : *le*

huit sans aspiration.

huître. s. f.

humain, e. a-p.

humble. a-p.

» humer. a-cb.

humeur. s. f.

humilier. a-cb.   20

» hurler. a-cb.

» hutte. s. f.

hydre. s. f.

hymen. s. m.

hymne. s. m. ou f.

hyperbole. s. f. exagé-

ration.

hypocrisie. s. f.   107

I

ici. a-d'a. ici-bas.

identique. a-p. lettres

identiques, lettres diffé-

rentes qui frappent l'o-

reille du même son.

idiotisme. s. m. Tour

propre à une langue.

idolâtrie. s. f.

idylle. s. f.

ignorance. s. f.

île. s. f.

imaginaire. a-p.

immense. a-p.

immiscer (s'). a-cb.

imperceptible. a-p.

impéritie. s. f.

impertinent. a-p.

impôt. s. m.

impotent. a-p.

impromptu. s. m.

impudent. a-p.

inadvertance. s. f.

inauguration. s. f.

incendiaire. **a-p.**   20

incident. s. m. a-p.

incision. s. f.

inclinaison. s. f.

incognito. a-d'a.

incontinent. a-d'a.

inconvénient. s. m.

incursion. s. f.

indécis, e. a-p.

indéfinissable. a-p.

indice. s. m.

indicible. a-p.

indifférent. a-p.

indigène. a-p.

indigent. a-p.

indolent. a-p.

indulgent. a-p.

ineffable. a-p.

ineptie. s. f.

inertie. s. f.

inextinguible. a-p. 20

infamant. a-p.

infanterie. s. f.

ingrédient. s. m.

inhérence. s. f.

inhumer. a-cb.

inimitié. s. f.

initial. a-p.

injure. s. f.

innocence. s. f.

insecte. a-p.

insérer. a-cb.

insidieux. a-p.

insigne. a-p.

insinuer. a-cb.

insipide. a-p.

insister. a-cb.

insolence. s. f.

instamment. a-d'a.

instantanée. a-p.

instinct. s. m. 20

insu. s. n. à l'insu.

insulaire. a-p.

intelligence. s. f.

intempérie. s. f.

intendance. s. f.

intensité. s. f.

intenter. a-cb.

intention. s. f.

intercéder. a-cb.

intercepter. a-cb.

interdire. a - cb. vous
interdisez.

intérêt. s. m.

interjection. s. f.

interlinéaire. a-p.

interprète. a-p.

interrègne. s. m.

interroger. a-cb.

interstice. s. m.

intervalle. s. m.

intervention. s. f. 20

inventaire. s. m.

inverse. a-p.

invincible. a-p.

irascible. a-p.

irréfragable. a-p.

irréligion. s. f. on écrit
religion.

irrésistible. a-p.

irriter. a-cb.

issuë. s. f.

itinéraire. s. m.

ivoire. s. m.

ivraie. s. f.

ivresse. s. f. 93

J

jabot. s. m.

jactance. s. f.

jadis. a-d'a.

jaloux, se. a-p.

jamais. a-d'a.

jambe. s. f.

jambonneau. s. m.

janvier. s. m.

japper. a-cb.

jarretière. s. f.

jasmin. s. m.

jaunisse. s. f.

jeter. a-cb. je jette.

jeu. s. m. les jeux.

jeune. a-p. *Hom.* jeûne. s. m.

joie. s. f.

jonc. s. m.

joufflu. a-p.

jouissance. s. f.

jouvenceau. s. m.

joyau. s. m.

judiciaire. s. f. a-p. 20

judicieux, se. a-p.

juger. a-cb.

juillet. s. m.

juin. s. m.

jumeau, elle. a-p.

juridiction. s. f.

jurisprudence. s. f.

jus. s. m.

justaucorps. s. m.

justice. s. f. 36

L

là. a-d'a.

labyrinthe. s. m.

lacer. a-cb. lacer un
corps de jupe. *Hom.* las-

ser, fatiguer.

lâche. a-p.

lâcher. a-cb.

lacs. s. m. cordon délié. *Hom.* las, lasse.

laid, e. a-p. *Hom.* laie. s. f. femelle du sanglier; *lait* de brebis ; *les*, le, la, les, un *legs*, ce qui est légué; *lez.* a-d-a. Franciade-lez-Paris. *lé.* s. m. la largeur d'une étoffe.

laine. s. f.

laisser. a-cb.

laite ou laitance. s. f.

laiton. s. m.

lambrisser. a-cb.

lamentation. s. f.

larcin. s. m.

larron, onnesse. a-p.

leçon. s. f.

légataire. a-p.

lendemain. a-d-a.

lent, e. a-p. 20

lettre. s. f.

levain. s. m.

leur. *Règle. leur*, subs. ne prend point de s. *leur* a-p. prend le nombre du

subst. auquel il s'associe. On écrit *les leurs.*

levraut. s. m.

leurre. s. m.

lézard. s. m.

liaison. s. f.

libraire. a-p.

lice. s. f. *Hom.* lisse. a-p.

licence. s. f.

licite. a-p.

lieu. s. m. endroit. *Hom.* lieue. s. f. espace de chemin.

limaçon. s. m.

limitrophe. a-p.

limpide. a-p.

linge. s. m.

lionceau. s. m.

liqueur. s. f.

lis. s. m.

littéraire. a-p. 20

locataire. a-p.

logicien. a-p.

logis. s. m.

loi. s. f. les lois.

lointain, e. a-p.

louange. s. f.

loup. s. m.

lucide. a-p.

luth. s. m.

lutter. a-cb.

lyre. s. f.   5

M

mâchoire. s. f.

maçon. a-p.

madrigal. s. m. L'expression d'une pensée délicate.

magnificence. s. f.

mai. s. m.

maigre. a-p.

main. s. f. *Hom.* maint, e. a-p.

maintenant. a-d'a.

maintien. s. m.

maire de commune. a-p. m. *Hom.* mère, une tendre mère.

maison. s. f.

maître. a-p.

majesté. s. f.

majuscule. a-p. lettre un peu plus grande. On met les majuscules, au commencement des phrases, des vers et des noms propres.

mâle. a-p.

maléfice. s. m.

malheur. s. m.

malice. s. f.

malle. s. f.

malveillant, e. a-p. 20

maman. a-p. f.

manant. a-p.

maniment. s. m.

manœuvre. s. f.

manquer. a-cb.

mappemonde. s. f.

marais. s. m.

marc. s. m.

marchand, e. a-p. celui qui vend. *Hom.* marchant, qui marche.

marionnette. s. f.

marmot. a-p.

marmotter. a-cb.

marotte. s. f.

marron. s. m.

marroquin. s. m.

martial. a-p.

martyr, e. a-p.

massacre. s. m.

masse. s. f.

mat, matte. a-p. *Hom.*

mât de vaisseau. s. m.

matelas. s. m.

matelot. a-p.

matériaux. s. m. pl.

mathématicien. a-p.

mâtin. s. m. chien. *Hom.* matin. s. m. partie du jour.

maudire. a - cb. nous maudissons, ils maudissent. Je maudissois. Que je maudisse. maudissant.

mausolée. s. m.

maussade. a-p.

mauvais, e. a-p.

mazette. a-p.

mécanisme. s. m.

méchanceté. s. f.

médecine. s. f.

médire. a-cb. vous médisez.

mélancolie. s. f.

mélange. s. m.

mêler. a-cb.

membre. s. m.

menacer. a-cb.

mendicité. s. f. 20

mensonge. s. m.

mercenaire. a-p.

mercerie. s. f.

merci. s. m.

messager. a-p.

métairie. s. f.

méthode. s. f.

métaphore. s. f. Elle consiste à transporter par analogie un mot du sens-propre au sens figuré. Le *feu* de la cheminée est dans le sens propre ; le *feu* du génie est dans le sens figuré. L'allégorie est une métaphore continuée.

mets. s. m.

mettre. a-cb. je mets, tu mets, il met.

meurtrissure. s. f.

miauler. a-cb.

mielleux. a-p.

milice. s. f.

militaire. a-p.

mille. a-p.

milliar. s. m.

millionnaire. a-p.

minauder. a-cb.

mince. a-p. 20

miniature. s. f.

r inois. s. m.

minutie. s. f.

misantrope. a-p.

missive. a-p. f.

mitaine. s. f.

modicité. s. f.

moelle. s. f.

mœurs. s. f.

moi. s. m. ou f. indi-
quant la 1re personne.
Hom. mois de l'année.

moineau. s. m.

moisson. s. f.

mollesse. s. f.

momentanée. a-p.

mon, ma, mes, a-p.
Hom. mont, montagne.

monceau. s. m.

monnoie. s. f.

monosyllabe. a-p. qui
n'a qu'une syllabe.

morceau. s. m.

morigéner. a-cb.   20

mors de cheval. *Hom.*

mort. s. f. a-p. je mords,
tu mords, il mord.

mou, molle. a-p. *Hom.*
je mouds, tu mouds, il
moud; moût, vin nou-
veau.

mourir. a-cb. je meurs,
tu meurs, il meurt. je
mourrois. je mourrai.

multiplicité. s. f.

munificence. s. f.

mur. s. m. *Hom.* mûr,
e. a-p.

mûrier. s. m.

muscat, ade. a-p.

musicien. a-p.

myrte. s. m.

mystère. s. m.   110

N

naguère ou naguères.
a-d'a.

naïf. a-p.

nain, naine. a-p.

naître. a-cb. je nais;
tu nais, il naît. nous
naissons. je naquis. je

naîtrai. naissant.

narration. s. f.

naufrage. s. m.

né, née. a-p. *Hom.*

nez. s. m.

néanmoins. a-d'a.

néant. s. m.

nécessaire.

nécessaire. a-p.

négligent, e. a-p. *Hom.* négligeant ses devoirs.

négociant. a-p.

neige. s. f.

néologie. s. f.

néologisme. s. m. La néologie est l'art de faire des mots nouveaux qu'approuvent la raison et le goût ; les néologismes sont des expressions nouvelles que désavoue la raison ou le goût.

nettoyer. a-cb.

neuvaine. s. f.

nid d'oiseau. s. m.

niais, e. a-p.

nigaud, e. a-p.

nippe. s. f.

noce. s. f.   20

noeud. s. m.

noirceur. s. f.

noix. s. f.

nommer. a-cb.

nonchalant. a-p.

nord-est. s. m.

notaire. a-p.

notice. s. f.

notre. a-p. *notre* maison, votre maison et la *nôtre.*

novembre. s. m.

nourrice. a-p. f.

nourricier, ère. a-p.

nourrisson. s. m.

nouveauté. s. f.

nouvelliste. a-p.

nuance. s. f.

nul, nulle. a-p.

nuptial. a-p.   38

O

objecter. a-cb.

objet. s. m.

obscène. a-p.

obscurcir. a-cb.

obséder. a-cb.

occasion. s. f.

occident. s. m.

occuper. a-cb.

occurrence. s. f.

octogénaire. a-p.

oculaire. a-p.

odorat. s. m.

odoriférant. a-p.

oeil. s. m. les yeux ;

O o

des œils de bœuf, terme
d'architecture.

œillet. s. m.

œuf. s. m.

œuvre. s. f. on dit le
grand œuvre, le premier,
le second œuvre d'un mu-
sicien, d'un graveur.

offenser. a-cb.

office. s. m. on dit une
belle office de cuisine.

offrande. s. f.   20

offusquer. a-cb.

oh. excl. de surprise,
d'affirmation.

oie. s. f.

oignon. s. m.

on, l'on. s. l'homme
en général. On met or-
dinairement *on*; on met
l'on par euphonie.

onze. a-p.

opposer. a-cb.

oppresser. a-cb.

opprimer. a-cb.

opprobre. s. m.

opulence. s. f.

oraison. s. f.

orange. s. f.

orchestre. s. m.

ordinaire. a-p.

ordonnance. s. f.

orgie. s. f.

orgue. s. m, au sing.
f. au pluriel.

orgueil. s. m.

orient. s. m.   20

originaire. a-p.

orphelin. a-p.

ossements. s. m. pl.

ostensible. a-p.

ostentation. s. f.

ôter. a-cb.

où, pouvant se décom-
poser par *quel*, *quelle*;
lequel, *laquelle*, prend
l'accent grave; ailleurs,
point d'accent.

ouais. excl.

ouate. s. f. de la ouate.

ouï-dire. s. m.   49

P

pacifier. a-cb.

paiement. s. m.

païen, enne. a-p.

paillasse. s. f.

pain. s. m. nourriture. *Hom.* pin, arbre. peint, peinte.

pair. a-p. égal. *Hom.* pers, les yeux pers; je perds, tu perds, il perd.

paire. s. f. une paire. *Hom.* père. a-p. m.

paître. a-cb. je pais, tu pais, il pait; nous paissons.

paix. s. f.

palais. s. m. maison, palais de la bouche. *Hom.* palet, jouer au palet.

pâle. a-p.

pallier. a-cb.

pâmer. a-cb.

pan, de robe, de mur. s. m. *Hom.* paon, oiseau.

panégyrique. s. m.

panneau. s. m.

panse. s. f. *Hom.* je pense.

panser une plaie, un cheval. *Hom.* penser à quelque chose.

panthéon. s. m. 20

pantomime. a-p.

pantoufle. s. f.

parafe. s. m.

parallèle. s. m. a-p.

paralogisme. s. m. raisonnement faux, sans intention de tromper.

paralysie. s. f.

parcelle. s. f.

parent, e. a-p.

parfait, e. a-p.

parjure. s. m. a-p.

parlementer. a-cb.

paroître. a-cb. je parois, tu parois, il paroît; nous paroissons.

parrain. a-p. m.

parricide. s. m. a-p.

parsimonie. s. f.

parti. s. m. *Hom.* partie. s. f.

partial. a-p.

participer. a-cb.

pâte. s. f. *Hom.* patte de chien.

pâté. s. m. 20

pâtée. s. f.

pathétique. a-p.

patient, e. a-p.

pâtir. a-cb.

pâtisserie. s. f.

payer. a-cb. je paye. je paierai.

patron, onne. a-p.

pâturage. s. m.

pause. s. f. *Hom*. pose. s. f. terme d'architecture.

pauvre. a-p.

pays. s. m.

paysan. anne. a-p.

peau. s. f. *Hom*. Pau, ville; pot de grès; Pô, rivière.

pêche. s. f.

pédant. a-p.

peigne. s. m.

peindre. a-cb.

peine. s. f. *Hom*. pêne de serrure. s. m.

pêle mêle. a-d'a.

penchant. s. m. a-p. 20

pendre. a-cb.

pénitence. s. f.

pensée. s. f.

pensionnaire. a-p.

pente. s. f.

percer. a-cb.

percevoir. a-cb.

perdre. a-cb. je perds, tu perds, il perd.

perdrix. s. f.

perfectionner. a-cb.

périphrase. s. f.

permanent, e. a-p.

pernicieux. a-p.

perroquet. s. m.

perruque. s. f.

persécuter. a-cb.

persévérance. s. f.

persister. a-cb.

personnifier. a-cb.

perspicacité. s. f. 20

pertinemment. a-d'a.

perversité. s. f.

pesant, e. a-p.

petiller. a-cb.

pétitionnaire. a-p.

pétulant. a-p.

peu. a-d'a. *Hom*. je peux, tu peux, il peut.

peut-être. a-d'a.

phénomène. s. m.

philantrope. a-p.

philosophe. a-p.

philtre. s. m. *Hom*. l'eau filtre.

phrase. s. f.

physicien. a-p.

physionomie. s. f.

pied. s. m.

pierre. s. f.

pigeon. s. m.

pinceau. s. m.

pincée. s. f. 20

pincettes. s. f. pl.

pinçon, marque sur la peau. *Hom.* pinson, oiseau.

pinte. s. f. *Hom.* peint, peinte.

pipeau. s. m.

pique-nique. s. m.

piqûre. s. f.

pitance. s. f.

pittoresque. a-p.

pivot. s. m.

place. s. f.

plafond. s. m.

plagiaire. a-p.

plagiat. s. m.

plaider. a-cb.

plaie. s. f.

plain, plaine. en plain champ. *Hom.* plein, eine. plein de grace; plaint, plainte, de plaindre.

plainte. s. f. gémissement. *Hom.* plinthe, t. de menuiserie.

plaire. a-cb. je plais,

tu plais, il plaît. Plût à Dieu que.

plan d'ouvrage. s. m. *Hom.* plant d'arbre.

planche. s. f. 20

planète. s. f.

plante. s. f.

plausible. a-p.

plébéien. a-p.

plénipotentiaire. a-p.

pléonasme. s. m. surabondance de mots. Si je dis de sang-froid : j'ai vu *de mes yeux* un dromadaire, c'est un pléonasme vicieux. Si on me conteste d'avoir vu cet animal, et que je dise avec chaleur : je l'ai vu *de mes yeux*, c'est un pléonasme autorisé.

pluie. s. f.

plupart. s. f.

plutôt. a-d'a.

poème. s. m.

poésie. s. f.

poète. a-p.

poids, pesanteur. s. m. *Hom.* pois, légume ; poix résine.

poignard. s. m.

poing. s. m. main fer-
mée. *Hom.* point, un
point; le jour point.

poireau ou porreau.
s. m.

poisson. s. m.

pôle. s. m.

polygame. a-p.

polysyllabe. a-p. qui a
plusieurs syllabes.   20

pomme. s. f.

populaire. a-p.

porcelaine. s. f.

port. s. m.

portrait. s. m.

possession. s. f.

possible. a-p.

posthume. a-p.

potentat. s. m.

potiron. s. m.

pouls. s. m. tâter le
pouls.

pourceau. s. m.

pourrir. a-cb.

poussière. s. f.

pouvoir. a-cb. je puis,
je peux, tu peux, il
peut. je pourrai.

prairie. s. f.

précaution. s. f.

précédent. a - p. On
écrit *le jour précédent*,
et la terreur *précédant*
la mort.

précepte. s. m.

précieux. a-p.   20

précipice. s. m.

précipitamment. a-d'a.

précisément. a-d'a.

prédécesseur. a-p.

prédire. a - cb. vous
prédisez.

préface. s. f.

préférence. s. f.

préjudicier. a-cb.

prendre. a-cb.

près. a-d'a. *Hom.* prêt,
e. a-p.

préséance. s. f.

présence. s. f.

président d'une assem-
blée. *Hom.* présidant une
assemblée.

presqu'île. s. f.

pressentir. a-cb.

pression. s. f.

prestance. s. f.

prétendre. a-cb.

prêter. a-cb.

primauté. s. f. 20
principal. a-p.
printemps. s. m.
prisonnier. a-p.
privauté. s. f.
prix. s. m.
procédé. s. m.
procès. s. m.
prechain, e. a-p.
professer. a-cb.
programme. s. m.
proie. s. f.
projet. s. m.
prompt, e. a-p.
propension. s. f.
prophète. a-p.
propice. a-p.
proportionner. a-cb.
propos. s. m.
propriétaire. a-p.
prosodie. s. f. 20

providence. s. f.
province. s. f.
prudent. a-p.
prudhomie. s. f.
pseaume. s. m.
pseudonyme. a-p. qui porte un faux nom.
puanteur. s. f.
publicité. s. f.
puer. a-cb. je pus, tu pus, il put.
puis. a-d'a. *Hom.* puits, un puits.
puissant. a-p. tout-puissant, toute-puis-sante, les hommes tout-puissants.
pygmée. a-p.
pyramide. s. f.
pyrrhonien. a p.
pythie. a-p. f. 215

Q

quai. s. m.
qualité. s. f.
quantité. s. f.
quarante. a-p.
quatorze. a-p.
quatrain. s. m.
quatre. a-p. quatre-

vingts, quatre-vingt-un, etc.
quelconque. a-p. deux points quelconques.
quelquefois. a-d'a.
quelqu'un, e. s. quelques-uns.

quête. s. f.

queue. s. f.

quiconque. s.

quintessence. s. f.

quintuple. a·p.

quinzaine. s. f.

quiproquo. s. m.

quittance. s. f.

quotidien. a·p.   19

R

race. s. f.

rachat. s. m.

racine. s. f.

ragoût. s. m.

raie. s. f. *Hom.* rets,
filet.

raifort. s. m.

raiponce, plante. *Hom.*
réponse. s. f.

raisin. s. m.

raison. s. f.

raisonner. a-cb. dis-
courir. *Hom.* résonner,
former des sons.

râle. s. m.

ralliment. s. m.

ramper. a-cb.

rançon. s. f.

rancune. s. f.

rang, ordre, dignité.
s. m. *Hom.* je rends, tu
rends, il rend.

rapacité. s. f.

rapsodie. s. f.

rassasier. a-cb.

rasséréner. a-cb.   20

râteau. s. m.

rauque. a-p.

rayer. a-cb.

rayon. s. m.

rebelle. a-p.

rebours. s. m.

récalcitrant. a-p.

recensement. s. m.

récent. a-p.

recevoir. a-cb.

récidive. s. f.

récipient. s. m.

réciproque. a-p.

récit. s. m.

recommander. a-cb.

récompense. s. f.

recours. s. m.

redire. a-cb. vous re-
dites.

réduit. s. m.

réflexion.

réflexion. s. f. 20

reflux. s. m.

refrain. s. m.

refuge. s. m.

réfugier. a-cb.

regître. s. m.

regretter. a-cb.

réhabiliter. a-cb.

reins. s. m. pl. *Hom.*
Rhin, fleuve.

reine. a-p. f. *Hom.*
rêne de cheval. renne,
peau de renne.

reinette. s. f.

réjouissance. s. f.

rembourser. a-cb.

rembrunir. a-cb.

remercîment. s. m.

remmener. a-cb.

remontrance. s. f.

remords. s. m.

rempart. s. m.

renard. s. m.

rencontre. s. f. 20

rendre. a-cb.

renommée. s. f.

renoncer. a-cb.

rente. s. f.

renversement. s. m.

repaire. s. m.

repartie. s. f.

repartir. a-cb. partir
une seconde fois. nous
repartons.

répartir. a-cb. parta-
ger. nous répartissons.

repas. s. m.

repentir. s. m.

répit. s. m.

républicain, e. a-p.

requête. s. f.

requis, e a-p.

réquisition. s. f.

résident. a-p. résident
de Genève. *Hom.* rési-
dant à Genève.

résidence. s. f.

ressemblance. s. f.

ressentiment. s. m. 20

ressort. s. m.

ressusciter. a-cb.

restaurer. a-cb.

restreindre. a-cb.

résultat. s. m.

retentir. a-cb.

réticence. s. f.

retraite. s. f.

revanche. s. f.

rêve. s. m.

revêche. a-p.

P p

revendiquer. a-cb.

révérence. s. f.

revers. s. m.

réussite. s. f.

rez-de-chaussée. s. m.

rhume. s. m.

ris. s. m. dans tous les sens.

rocher. s. m.

rôder. a-cb.   20

rôle. s. m.

romain , e. a-p.

roman. s. m.

romance. s. f.

rompre. a-cb. je romps, tu romps , il rompt.

ronce. s. f.

rossignol. s. m.

rôtir. a-cb.

roux , ousse. a-p.

royaume. s. m.

ruban. s. m.

rubis. s. m.

ruisseau. s. m.   113

S

sacrifice. s. m.

saignée. s. f.

sain , saine. a p. *Hom.* cinq personnes ; c'est un saint ; le front ceint de lauriers ; j'ai apposé mon seing ; le sein qui m'a nourri.

saisir. a-cb.

saison. s. f.

salle. s. f. *Hom.* sale. a-p.

salpêtre. s. m.

salutaire. a-p.

sanctifier. a-cb.

sanctuaire. s. m.

sandaraque. s. f.

sangsue. s. f.

sanguinaire. a-p.

santé. s. f.

satyre. s. f. s. m.

savant. a-p.

savantasse. a-p.

sauce. s. f.

saucisse. s. f.

sauf , sauve. a-p.   20

sauf-conduit. s. m.

saule , arbre. s. m. *Hom.* sole , poisson. s. f.

savoir. a-cb.

saupoudrer. a-cb.

saur. hareng saur. a-p.

Hom. le sort, je sors.
saussaie. s. f.
saut, action de sauter.
s. m. *Hom.* sot, sotte ;
sceau, cachet ; seau
d'eau.

sauvage. a-p.
sauver. a-cb.
scélérat. a-p.
sceptre. s. m.
sciemment. a-d'a.
science. s. f.
secondaire. a-p.
secours. s. m.
secousse. s. f.
secrétaire. a-p.
secrètement. a-d'a.
section. s. f.
sécurité. s. f.
sédentaire. a-p.　　20
sédition. s. f.
séducteur. a-p.
seigneur. a-p.
seize. a-p.
sel. s. m.

selle. s. f. *Hom.* celui,
celle ; il scelle des pa-
tentes ; il me cèle, il me
cache son secret.
semaine. s. f.

semblable. a-p.
semence. s. f.
sénat. s. m.
sensation. s. f.
sentence. s. f.
sentiment. s. m.
seoir. a-cb. cela sied.
séparer. a-cb.
sept. a-p. six, sept.
septembre. s. m.
septentrion. s. m.
sépulcre. s. m.

serein, e. a-p. *Hom.*
serin, oiseau.　　20
sergent. a-p.
série. s. f.
sérieux. a-p.
serment. s. m.
sermon. s. m.
serpent. s. m.
serrer. a-cb.
servante. a-p. f.
service. s. m.

ses, pouvant se tra-
duire par *de lui*, *d'elle*
ou *de soi*, s'écrit par *s* ;
ailleurs par *c*.
sève. s. f.
sévère. a-p.
seuil. s. m.

sévir. a-cb.

séulement. a-d'a. non-
seulement.

sevrer. a-cb.

sexagénaire. a-p.

siècle. s. m.

siége. s. m.

siffler. a-cb.   20

signet. s. m.

signifier. a-cb.

silence. s. m.

sillon. s. m.

simagrée. s. f.

similitude. s. f.

simplicité. s. f.

simulacre. s. m.

sincère. a-p.

singe. s. m.

sinistre. a-p.

sinuosité. s. f.

sirop. s. m.

sis, sise. a-p. situé.
Hom. cinq, six.

sociable. a-p.

sœur, a-p. f.

soi. s. m. f. *Hom.* de
la soie ; *soit* qu'il vienne
ou qu'il *soit* retenu.

soixante. a-p.

sol. s. m.

solécisme. s. m. faute
contre la syntaxe.   20

solennel. a-p.

solitaire. a-p.

solliciter. a-cb.

somme. s. f. s. m.

sommeil. s. m.

sommet. s. m.

sophisme. s. m. raison-
nement faux, dans l'in-
tention de tromper.

sorcier. a-p.

sottise. s. f.

sou. s. m. *Hom.* sous.
a-d'a. soûl. a-p.

souci s. m.

soudain, e. a-p.

souffle. s. m.

souffrance. s. f.

soufre. s. m. *Hom.* je
souffre.

souhait. s. m.

soupçon. s. m.

source. s. f.

sourcil. s. m.

souris. s. m. s. f.   20

soustraire. a-cb. nous
soustrayons, vous sous-
trayez, ils soustraient.

souvent. a-d'a.

souverain, e. a-p.

spacieux. a-p.

spécieux. a-p.

spécifier. a-cb.

spectacle. s. m.

spéculation. s. f.

sphère. s. f.

splendeur. s. f.

stance. s. f.

statut. s. m.

style. s. m.

stylet. s. m.

subsistance. s. f.

substance. s. f.

substantiel. a-p.

substitut. s. m.

succéder. a-cb.

succès. s. m.   20

succession. s. f.

succinct, e. a-p.

succomber. a-cb.

succulent. a-p.

sucer. a-cb.

suffire. a-cb.

suffrage. s. m.

suggérer. a-cb.

suicide. s. m. a-p.

suie. s. f.

sujet, ette. a-p.

sujétion. s. f.

supplanter. a-cb.

suppléer. a-cb.

supplice. s. m.

supplier. a-cb.

supporter. a-cb.

supposer. a-cb.

sur. a-p. a-d'a. *Hom.*

sûr, certain.

surseoir. a-cb. je sursois, tu sursois, il sursoit. Nous sursoyons. je surseoirai. etc.   20

surtout. a-d'a.

susceptible. a-p.

susciter. a-cb.

suspicion. s. f.

sustenter. a-cb.

syllabe. s. f. son formé par une seule impulsion de la voix ; *ami* a deux syllabes : *a-mi.*

symbole. s. m.

symétrie. s. f.

sympathie. s. f.

symptôme. s. m.

syncope. s. f. retranchement de lettres au milieu d'un mot.

synonyme. a-p. *pleurs* et *larmes* sont synony-

mes, ont à-peu-près la
même signification.

syntaxe. s. f. partie de

la grammaire qui traite
des mots en construction.

système. s. m.   164

T

tabac. s. m.

tache, souillure. s. f.
Hom. tâche à remplir.
je tâche.

taciturne. a-p.

taffetas. s. m.

taie à l'œil, d'oreiller.
s. f. *Hom.* je tais, tu
tais, il tait.

tain. s. m. le tain d'un
miroir. *Hom.* le serpolet
et le thym; un teint clair;
je teins de la laine.

taire. a-cb. *Hom.* terre.
s. f.

talent. s. m.

talisman. s. m.

tante. a-p. f. parente.
Hom. tente de toile. je
tente.

tantôt. a-d'a.

taon, grosse mouche.
Hom. ton père, le bon
ton, du thon mariné,
je tonds, tu tonds, il

tond.

tapisserie. s. f.

tasse. s. f.

tâter. a-cb.

tâtons (à).

taudis. s. m.

taureau. s. m.

taux, le taux du pain.
s. m. *Hom.* venez tôt.

téméraire. a-p,   20

tempérer. a-cb.

tempête. s. f.

temple. s. m.

temps. s. m.

tendre. a-cb.

tendresse. s. f.

tenter. a-cb.

terreur. s. f.

testament. s. m.

tête. s. f.

thé. s. m.

théatre. s. m.

thème. s. m.

théorie. s. f.

thermidor. s. m.

thésauriser. a-cb.

thèse. s. f.

tiers, tierce. a-p.

timbre. s. m.

tinter. a-cb. 20

tirant d'une bourse. *Hom*. un tyran cruel.

tocsin. s. m.

toi. s. de la seconde personne. *Hom*. le toit de la maison.

tonneau. s. m.

tonnerre. s. m.

torrent. s. m.

touffu. a-p.

toujours. a-d'a.

tourmenter. a-cb.

tournesol. s. m.

tousser. a-cb.

tout. a-p. *Hom*. une toux sèche.

toutefois. a-d'a.

tracas. s. m.

trace. s. f.

trahir. a-cb.

trajet. s. m.

train. s. m.

traîner. a-cb.

traire. a-cb. je trais; tu trais, il trait. nous

trayons, vous trayez, ils traient. 20

trait. s. m.

traité. s. m.

traître. a-p.

tranche. s. f.

tranquillité. s. f.

transcendant. a-p.

transe. s. f.

transir. a-cb.

transparence. s. f.

traverser. a-cb.

treize. a-p.

trembler. a-cb.

trempe. s. f.

trente. a-p.

trépas. s. m.

très. a-d'a. très-sage.

tressaillir. a - cb. je tressaille.

tresser. a-cb.

tribu. s. f. le peuple étoit divisé en tribus. *Hom*. tribut qu'on impose. s. m.

triomphe. s. m.

triumvirat. s. m. 20

tronc. s. m.

trône. s. m.

trop. a-d'a. trop bon.

Hom. aller au trot.

trophée. s. m.

trousseau. s. m.

trucheman. a-p.

truffe. s. f.

tumultuairement. a -
d'a.

turban. s. m.

turbulent. a-p.

tutélaire. a-p.

tutoiment. s. m.

tuyau. s. m.

tympan. s. m.

type. s. m.

tyrannie. s. f.   96

U

uniformément. a-d'a.

univers. s. m.

urgent. a-p.

V

vacance. s. f.

vaillance. s. f.

vain. a-p. un homme
vain. *Hom.* du vin blanc,
vingt personnes; je vins,
tu vins, il vint; il falloit
qu'il vînt.

vaincre. a-cb.

vainement. a-d'a.

vainqueur. a-p.

vaisseau. s. m.

vallon. s. m.

valoir. a-cb. je vaux,
tu vaux, il vaut. que je
vaille, qu'ils vaillent.

van. s. m. nettoyer du
grain avec le van. *Hom.*
il fait du vent; je vends,
tu vends, il vend.

vanner. a-cb.

vanter. a-cb. il ne faut
pas se vanter. *Hom.*
pleuvoir, neiger, venter.

vautour. s. m.

veau. s. m. un veau
gras. *Hom.* vos pères;
ses biens sont à vau-
l'eau.

véhémence. s. f.

véhicule. s. m.

veine. s. f. ouvrir la
veine. *Hom.* cette femme
est

est vaine.

vendange. s. f.

vendémiaire. s. m. 20

vendre. a-cb.

vendredi. s. m.

vengeance. s. f.

venin. s. m.

vente. s. f. acheter dans une vente. *Hom.* il vante sa valeur.

ventre. s. m.

ver. s. m. un ver de terre. *Hom.* vers le nord; un beau vers; un habit vert.

verre. s. m.

verrou. s. m.

verser. a-cb.

vêtement. s. m.

vétérance. s. f.

vêtir. a-cb. je vêts, tu vêts, il vêt. je vêtois.

viande. s. f.

vicaire. a-p.

vice. s. m.

vice-amiral. a-p.

vicissitude. s. f.

vide. a-p.

vieillard. a-p.

vielle. s. f. 20

vigilance. s. f.

vilain, e. a-p.

vilipender. a-cb.

village. s. m.

ville. s. f. *Hom.* vile. f. de vil.

vis-à-vis. a-d'a.

vîte. a-p. a-d'a.

vivacité. s. f.

vœu. s. m. *Hom.* je veux.

voici. mot à décomposer : voyez ici.

voie. s. f. chemin. *Hom.* une belle voix ; je vois, tu vois, il voit.

voilà. mot à décomposer : voyez là.

voir. a-cb. je verrois. je verrai.

volcan. s. m.

volontaire. a-p.

volontiers. a-d'a.

votre. a-p. votre père. mon père et le vôtre.

vouloir. a-cb. je veux, tu veux, il veut. 20

voûte. s. f.

vraisemblance. s. f.

vulgaire. a-p. 63

Q q

Y

y. s.   yeux. pl. d'œil.   3

yeuse. s. f.

Z

zéphir ou zéphire. s.   zizanie. s. f.   2

m.

———————

Total..... 2248 mots.

———————

Les Notions Orthographiques offrent tous les secours qu'on peut désirer, pour parvenir à une orthographe exacte, à l'orthographe qu'avoue l'usage actuel. Cet opuscule, auquel je n'attache de prix qu'à raison de son utilité, est, je crois, un véritable LIVRE ÉLÉMENTAIRE : sorte d'ouvrage dont il n'existe pas peut-être de modèle, et dont l'essence est *de présenter sous une forme simple, de mettre à la portée de l'enfance ce que la philosophie a de plus exquis.* C'est le résultat des méditations du cabinet, et des réflexions qui naissent de la pratique. Le simple savant, le simple praticien, font également mal un livre élémentaire ; le premier ajuste des ailes à un enfant, dont la foiblesse le retient à térre ; le second lui met un bandeau sur les yeux, et le pique de toutes les épines que son imprévoyance n'a pas écartées. On ne peut exceller en ce genre, sans la réunion, dans le même homme, du philosophe, qui conçoit, et de l'instituteur, qui exécute.

Les bons livres élémentaires sont le fruit tardif du doute scrutateur, et de l'expérience courageuse ; difficiles, et sans gloire, le vrai talent les refuse à la science, dont ils aplaniroient l'entrée. Les mauvais sont des copies tronquées d'originaux sans mérite ; faciles, et présentant l'appât du gain, le charlatanisme les distribue à la crédulité, qu'elle conduit de l'ignorance à l'erreur.

F I N.

N. B. Je publierai incessamment un ouvrage d'environ 600 pages in-8°, sous ce titre : GRAMMAIRE GÉNÉRALE SIMPLIFIÉE, appliquée particulièrement à la langue françoise. Cet ouvrage, convenable à toutes les bibliothèques, est principalement destiné aux écoles centrales. Il est sous presse. On peut, dès à présent, se faire inscrire à l'une des deux adresses qu'on voit au frontispice de ce volume.

AVIS IMPORTANT.

L'œil et la main étant peu accoutumés au procédé nouveau de la notation prosodique, il s'est glissé des fautes dont je vais donner le tableau. On est invité à corriger avec la plume dans les différentes pages toutes celles que j'indique, afin qu'en étudiant la prononciation françoise, on ne soit ni égaré ni interrompu.

Errata du discours noté.

Page 19, ooŝiste, *lisez* cosiste ; protéje, l. protēje.

21. doavet, l. doàvet ; jugé, l. jujé ; éfè, l. éfè.

23. cotribūsio, l. cotribūsio ; suverènèté (*bis*), l. sūverénèté ; délégation, l. délégàsio ; pçve, l. pēve.

25. dérive, l. dérīve ; naturè, l. nature ; ne fète, l. ne fète ; lèz obligàtio, l. lèz obligàsio ; avèr, l. avèr ; l'apèle, l. l'apèle.

26. eprimer, l. eprimér ; paŝée, l. paŝēē ; pçvet, l. pēvet.

29. d'éfè, l. d'éfè ; privilége, l. privilēje ; provisoàre, l. provizoàre.

31. dèsiné, l. dēziné ; pçvet, l. pēvet ; doavet, l. doàvet ; prēsaté, l. prēzaté ; doave, l. doàve.

33. pçve, l. pēve ; éiat, l. éiat.

35. tièr, l. tièr ; dè juje, l. dè jūje.

Page

77. bien èze , l. bien èze ; Dipyle , l. Dipile ; suvenu , l. suvenu ; éfréié , l. éfréié.

79. vu , l. vū ; cet , l. set ; fézét , l. fezét ; j'è
(*trois fois.*), l. j'é ; m'éia , l. m'éia ; éiat , l.
éiat.

81. resoave , l. reseàvé.

83. éstruisé , l. estrúizé ; refuzé , l. refúzé ; je
puse , l. je pūse ; acuzatio, l. acūzàsio ; écléré ,
l. écléré ; éléve , l. élève ; éguīse , l. éguīze.

85. puisa , l. puīza ; basése , l. bàsése ; vér , l. vèr ;
épuisa , l. épuīza ; son ame , l. son àme.

87. l'afflije, l. l'aflīje ; juje, l. jūje ; émuvoar , l.
émuvoar ; fajé , l. fàjé ; afectàsio , l. afectàsio.

89. rule , l. rūle ; suvere , l. sūvere ; apetissé , l.
apetisé ; son ame , l. son àme.

91. céte , l. séte ; pūré , l. puré ; surdema , l. sūr-
dema.

93. absudre , l. absūdre ; ele , l. éle ; épu , l. épū ;
Lèsboz , l. Lèsbòz ; su , l. sū ; rien , l. rièn ;
éléve , l. élève ; n'été , l. n'étè ; céte , l. séte ;
pléñit , l. pléñit.

95. éfor , l. èfor ; éfasé , l. éfasé ; éfasée , l. éfasée ;
Grèse , l. Grèse.

97. truverèt , l. trūverèt ; culèt , l. cūlet ; personifie , l. personifie ; nòz ame , l. nòz àme ;
jujema , l. jūjema.

99. son ame , l. son àme ; muvema , l. mūvema ;
éfé , l. éfé ; truble , l. trūble ; dūse , l. dūse.

101. doave (*bis*), l. doàve.

Page

103. ęt, l. ūt; fụdre, l. fūdre; sụvenir, l. sūvenir.

105. mụvema, l. mūvema.

107. doave, l. doàve.

109. d'ièr, l. d'ièr; présīzema, l. présizéma; aplòdisemàz , l. aplòdisemaz.

111. jujema , l. jūjema ; à, l. a.

113. l'espése , l. l'éspése.

115. doavet, l. doàvet; mụvema , l. mūvema ; ame,
l. àme; done , l. donet.

118. dēzèr , l. dēzèr.

120. écụtęr, l. écụatęr ; in-cuàrto, l. ę-cuarto.

121. un lïz , l. ę lïz.

155. l'univèrz , l. l'univèr; sajése, l. sajése.

157. fiér , l. fièr.

159. resoàve, l. resoàve ; de la Séné, l. de la Séne.

163. vajé , l. vajé.

167. parèsa, l. parèsa; sur le rojé , l sur se rojé ;
pụrsuivre, l. pụrsuïvre; bụlevar, l. bụlevar.

169. truble, l. trūble; arrèté, l. àrèté; brave , l.
bràve.

171. voàsi, l. voasi; ọ, l. ò; juje, l. jūje.

173. ạcore, l. ạcòre.

175. suivī , l. suivi.

179. Calvadòz , l. Calvadòz; repụsé , l. repūsé.

Errata du discours ordinaire.

Page 5 , cette prononciation , *lisez* notre prononciation.

Page

8. présentent, l. présentent ; qu'un signe simple, l. qu'un son simple.

55. ou trois siècles, l. mille ans ; un autre, l. une autre.

56. sa grammaire, l. son orthographe.

118. *ôtez*, en fortifiant un peu le *g*.

148. lion, l. tion; sui, aigu, l. sui, bref; van, graves, l. van, grave.

149. ien, aigu, *effacez* aigu.

166. boulevars, l. boulevarts.

170. Roculus, l. Proculus.

248. combiné ; dans, l. combiné ; 3º dans.

260. apathie. s. m. l. s. f. ; appoint, s. f. l. s. m.

268. collège, l. collége.

275. épithalame. s. f. l. s. m. ; épithète. s. m. l. s. f.

277. nous fesons, *ajoutez* ou faisons ; fesant, *aj.* ou faisant.

287. merci. s. m. *l.* s. f.

SUPPLÉMENT

Aux Règles de Prosodie.

Page 136, après la ligne 15, *lisez* : on alonge encore engouffrer, bourrer, fourrer; que nous fissions, que vous fissiez, etc. que nous lussions, que vous lussiez, etc.

Page 137, ligne 11, *lisez* : alongez les sons suivis de *rr*; sbirre, saburre, beurre, bourre, que je fisse, que je disse, etc. que je reçusse, que je dusse, etc. dis-je, fis-je, etc. *Ou* est long dans les sons en *ourbe*, *ourde*, *ourdre*, *ousse*, et dans *gouffre*.

Ibid. ligne 22, après *outre* lisez *ouce*, *ouve*.

Ige, *uge*, *euge*, et l'*é* aigu qui sonne dans *ai-je*, *aimé-je*, *aimai-je*, *aimerai-je*, etc. *protége*, *privilége*, *piége*, etc.

Page 140, ligne 5, après ce mot *enlacer*, lisez : *anus*, *agnus*, *hourvari*, *enflammer*, *navré*, *sabrer*, *arrher*, *barrer*, *carré*, *chamarré*, *démarrer*, *narrer*, *marri*, *carrosse*, *marron*, *larron*, *carrière*, *abhorrer*.

Bassesse, *casser*, *classer*, *passer*, *grasset*, *lasser*, *lacer*, *amasser*, *compasser*, *sasser*, *entasser*; *que nous allassions*, *que nous aimassions*, etc. *cesser*, *presser*; *dossier*, *fossé*, *grossir*, *rosser*, *désosser*.

Page 141, ligne 17, *l. ai*, *ei* et *oi* sont moyens. Ils sont graves, suivis de double *ss*, *s* doux, ou *e* muet.

Pag. 143, lig. 8, après *confesse*, *l.* abbesse, lesse.

Ibid. lig. 16, après *crabe*, *l.* arabe; érable.

Ibid. lig. 21, après en *ave*, *l.* en oive.

Page 144, lig. 2, après *gagne*, *l.* ame, infame, diffame, affame. *Effacez les sons en* ame.

Ibid. après *gaine*, *l.* maigre.

Ibid. l. 10, après *Mécène*, *l.* les sons en *ère* et *èze*.

Ibid. l. 15, après *tope*, *l.* et les sons en *ore*.

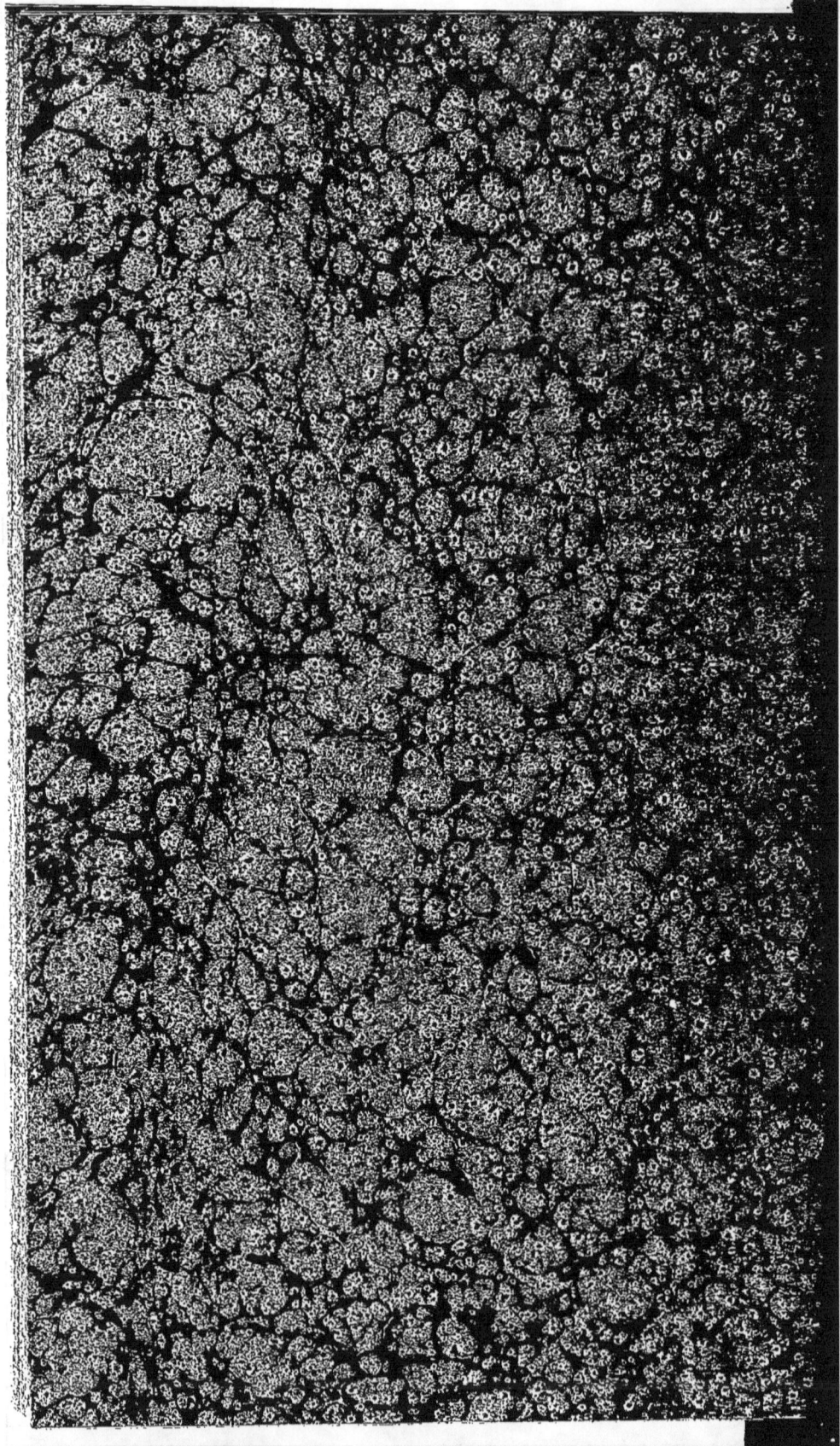

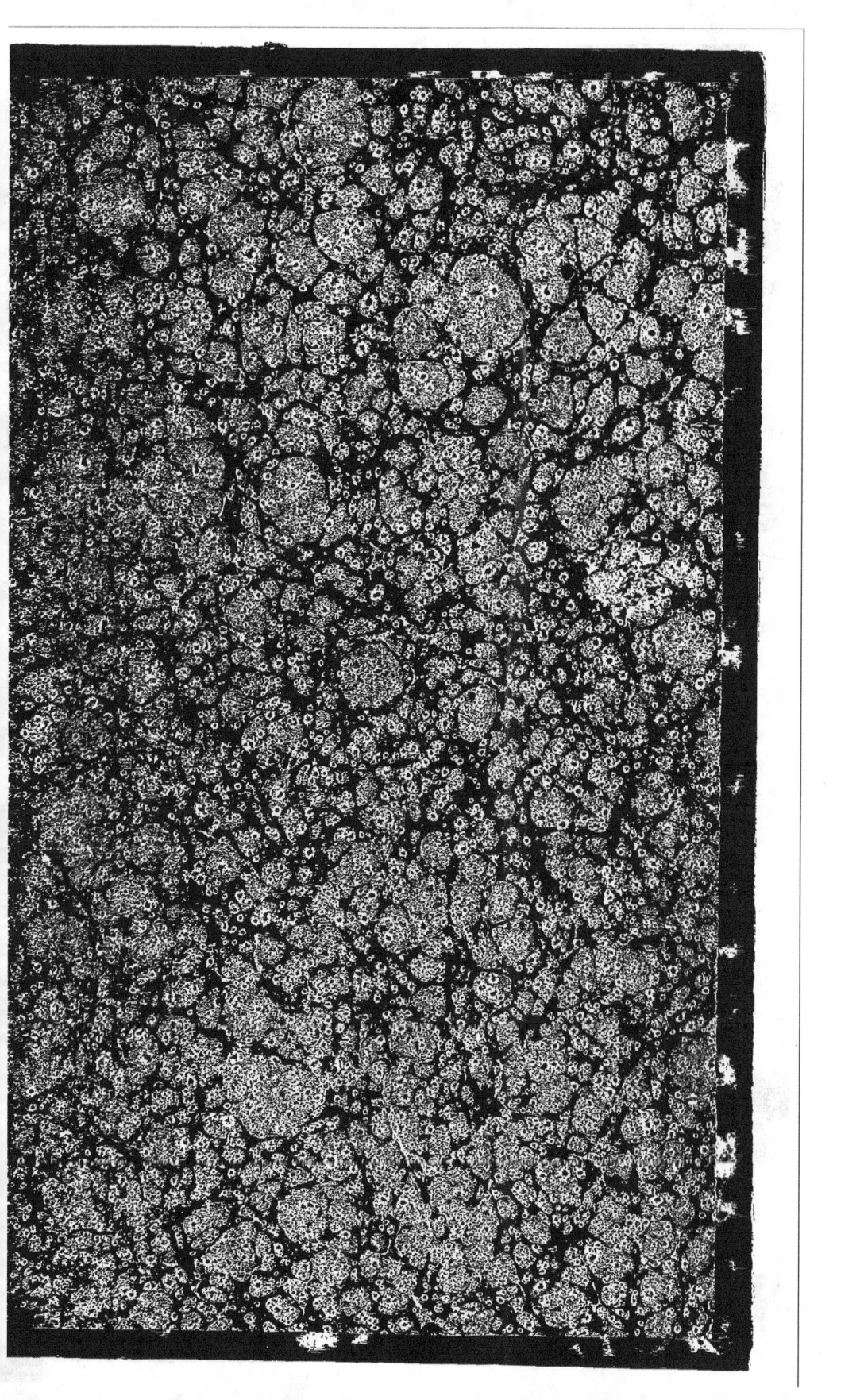

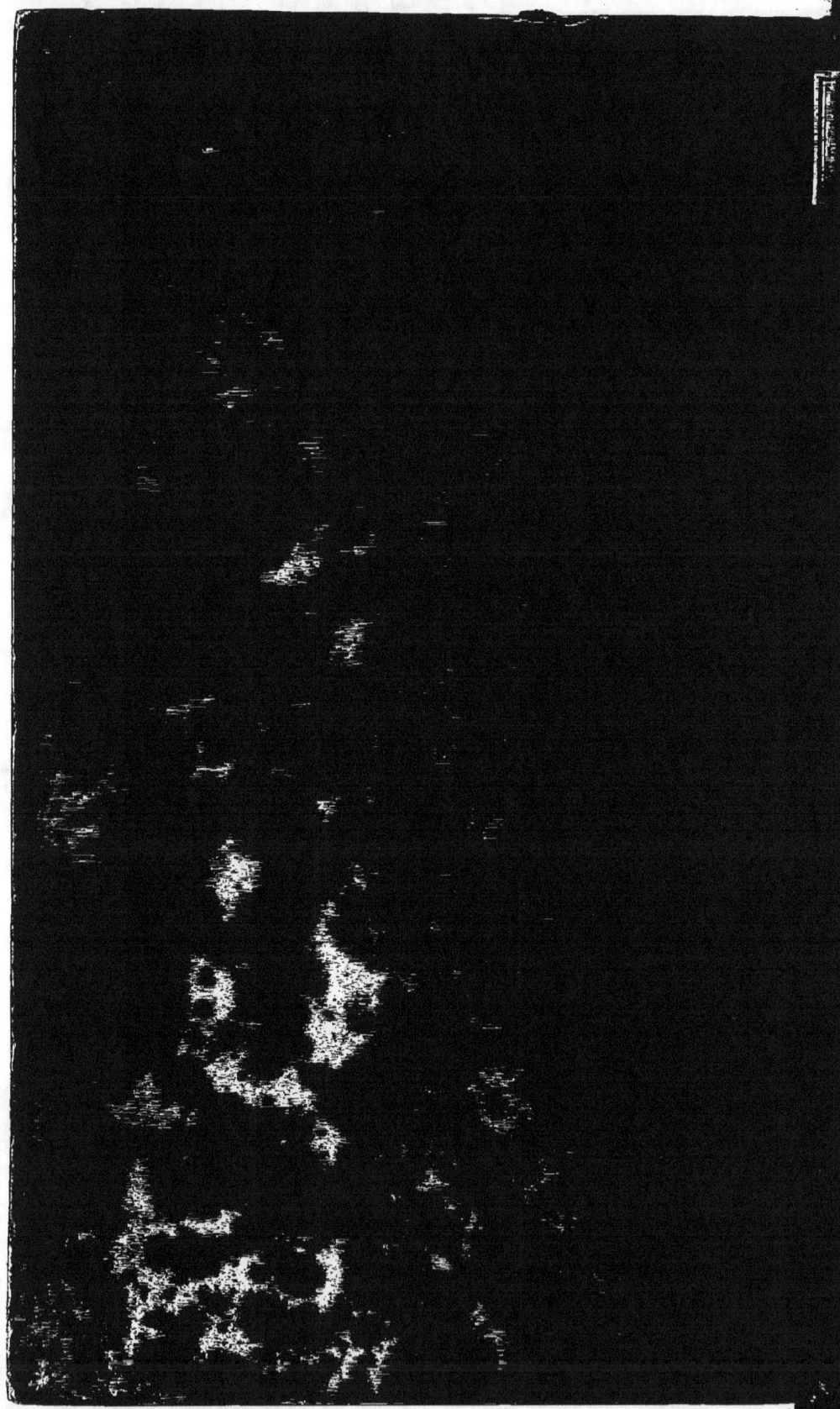